KB233637

1 비즈니스 현장에서 즉각 사용할 수 있는 구어를 다루는 책의 특성상, 우리말 어휘와 표현에 맞
춰 의역하였습니다. 따라서 원서와 일부 차이가 있을 수 있습니다.
2 이 책의 단계별 표현 수위와 추천 멘트Good & Best는 저자와 한국어판 편집부의 주관적 판단에
따른 것입니다.

당당하게 나를 표현하는

비즈니스
멘트

LEADER
PHRASE
BOOK

패트릭 알라인 지음
GS 칼텍스 인재개발실 옮김

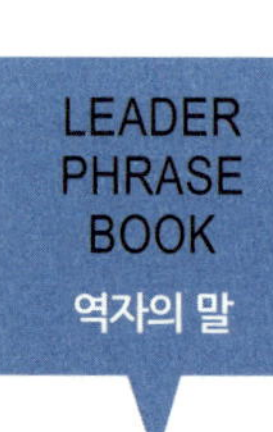

기업체, 공공기관, 학교, 군대 등 조직 생활하는 사람이라면 누구나 주어진 업무와 책임에 따라 성과를 내기 위해 부단히 노력할 것이다. 특히, 조직을 이끌어 가는 리더는 자신의 역량과 리더십을 발휘하여 조직의 성과를 극대화하는 역할을 맡은 사람이라고 볼 수 있다.

어느 조직의 리더든지 자신의 역량과 리더십을 발휘하기 위해 가장 많이 사용하는 방법이 바로 누군가와 '대화' 하는 것이다. 일상적인 업무 현장뿐만 아니라 전혀 예상치 못한 상황에서도 '대화' 를 통해 의사 소통하고 대부분의 의사 결정이 이루어지기 때문이다. 따라서, 상황에 맞게 적절히 대응하고 나아가 어려운 상황을 대화로써 해결할 수 있는 커뮤니케이션 스킬은 누구나 바라는 성공 열쇠이다. 특히, 리더의 커뮤니케이션 스킬은 대화 당사자의 사기와 몰입을 높여 놀라운 성과를 낼 수 있는 약이 되기도, 때로는 대화 당사자의 역량 발휘를 얼어붙게 만드는 독이 되기도 한다. 때문에 업무 현장에서 리더의 커뮤니케이션 스킬은 때와 장소, 상대에 따라 적절히 구사되어야 하며, 한 마디를 하더라도 적재적소에 맞는 표현을 사용하는 것이 그 핵심이라 할 수 있다.

GS 칼텍스는 구성원 육성의 1차적인 역할은 직속 상사에게 있다는 판단 하에 그 역할을 업무 현장에서 코칭이라는 형태로 수행하도록 촉진하고 있다. 특히 2010년부터 사내 전문코치 제도를 도입하여 사내 리더 그룹에서 코치 후보를 선정하여 체계적인 교육과 지속적인 코칭 실습을 통해 사내 코치를 육성하고 있다. 이를 통해 전사 차원의 코칭 문화 확산을 꾀하고 있다.

이 책의 원서인 《Leader Phrase Book》은 이러한 활동의 일환으로 **GS** 칼텍스 인재개발실 차원에서 사내 리더들의 커뮤니케이션 스킬 향상에 도움을 주기 위한 학습 교재로 선정되었다. 영어 구문에 대해 개인마다 느끼는 정도가 다르고 한국어 표현도 제각각이어서 어느 개인이 혼자서 번역할 일이 아님을 깨닫게 되었고, 이에 다양한 의견 수렴과 집단지성 활용을 위해 학습 CoP(Community of Practice) 활동으로 번역해 보기로 구성원 모두가 의기투합하게 되었다.

인재개발실 내 인사 부문과 변화지원 부문의 총 8개 팀별로 챕터를 나눠 1차 번역을 하고 번역한 자료를 팀 간에 서로 공유하여 보완하는 방식으로 번역을 진행하였다. 단순 번역 작업에만 머무르지 않고 자체 경진대회를 통해 번역 과정에서 겪은 에피소드와 성과물을 함께 공유하는 조직 활성화의 축제의 장을 마련하였다.

인재개발실의 57명 전원이 업무 시간 외에 짬을 내어 번역을 진행하였고, 팀원 간의 진솔한 피드백을 아끼지 않았다. 단순 번역이 아니라 오랜 조직 생활 경험에 바탕한 실용적인 표현으로 우리말의 정서에 맞게 의역하였으며, 1차 번역 후에도 팀장 그룹과 인재개발실 내 영어 실력이 남다른 팀원이 모여 2차 감수 작업을 실시하여 표현을 한층 더 다듬어 주었다. 특히 인재개발실 내 임원 그룹에서 최종적으로 표현의 적절함을 감수해 주시는 노력으로 번역의 질을 높일 수 있었다.

지난 8개월 동안 인재개발실장인 이재영 부사장의 리딩 하에 인재개발실 구성원 모두의 헌신적인 참여와 노력으로 재탄생한 이 책은 실제 업무 수행 현장에서 매일 고군분투하는 리더와 비즈니스맨들에게 '커뮤니케이션'에 대한 스트레스를 줄여 주고 실질적인 도움이 되는 지침서의 역할을 하게 될 것으로 생각한다. 이 책은 읽는 것이 아니라, 늘 곁에 두고 써먹어야 하는 책이다. 시시각각 '자신을 빛내줄 한마디'를 찾을 수 있기를 바란다.

GS 칼텍스 인재개발실 일동

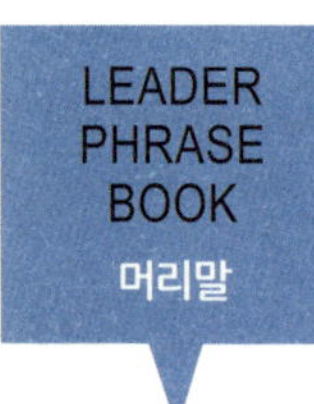

비즈니스맨의 일상은 마치 파도타기와도 같다. 서퍼가 시시각각 변하는 파도의 움직임에 대응하듯, 비즈니스맨은 한 치 앞을 알 수 없는 현실 속에서 경쟁과 협력의 힘겨운 균형 잡기를 해나간다. 비즈니스 현장은 대자연만큼이나 예측불가능하며, 수많은 변수로 가득 차 있다. (오죽하면 종종 정글에 비유되겠는가!)

잘 알다시피, 인간의 뇌는 예상할 수 없는 것을 좋아하지 않는다. 안정적인 것, 통제 가능한 것, 예상 가능한 것과 달리 변수는 생존을 위협할 수 있기 때문이다. 그런데 우리는 매일 같이 변수에 둘러싸인 채 살아간다. 그만큼 스트레스가 클 수밖에 없다.

이 책은 비즈니스맨이 맞닥뜨릴 수 있는 변수, 즉 상황과 상대에 즉각 대처할 수 있도록 함으로써 스트레스를 줄이고, 생존 능력을 높이기 위해 쓰여졌다. 서퍼가 다양한 환경에서 파도를 많이 타볼수록 능숙해지듯, 비즈니스맨 또한 경험이 쌓일수록 노련해지는 것은 물론이다. 그러나 개인의 경험량에는 한계가 있기에, 언제든 이전에는 만나보지 못한 상대나 상황과 맞닥뜨릴 수 있다. 그럴 때 머뭇거리거나 어딘지 자신 없는 뉘앙스를 풍긴다면 손쉽게 변수의 먹잇감이 되고 말 것이다.

이에 대비해 직장생활, 조직관계, 갈등상황, 공식석상, 외부미팅, 협상 등 비즈니스맨이 일상생활에서 즉각 사용할 만한 구체적인 멘트를 열거하였다. 상황과 상대는 물론이고, 표현 방식이나 수위에 있어서도 선택할 수 있도록 가능한 많은 멘트를 제시하기 위해 노력했다. 더불어, 직급이 올라갈수록 상대에게 영향력을 행사하고 동기를 부여할 수 있는 효과적인 언어구사력이 필요한데, 이를 위해 '영향력을

발휘해야 할 때'와 '바로 써먹을 수 있는 리더의 한 마디' 등 두 장을 할애해 마키아
벨리적인 대화기술을 소개하였다.

　　　뭐라고 말하면 좋을지 몰라 한참을 고민한 끝에 전화를 걸거나 면담을 신
청한 적이 있는가? 혹은, 말문이 막혔다가 상황이 다 지난 후에야 '이렇게 말할 걸' 하
고 아쉬워한 적이 있는가? 제아무리 오랜 경험과 연륜이 있는 프로라 해도 말솜씨는
끊임없는 연마를 필요로 한다. 이 책은 바쁜 당신을 위해 사무실 안팎에서 빠르고 쉽
게 사용할 수 있는 가이드가 되어줄 것이다. 어떤 상황이나 상대를 만나든 당황하지
않고, 당당한 뉘앙스를 풍기며, 더 나아가 판세를 뒤집을 수 있는 결정적인 한 마디가
여러분의 머릿속에 매뉴얼처럼 존재하게 되기를 바란다.

이제껏 아무리 많은 비즈니스 실용서를 읽어 왔다 하더라도, 이런 책은 본 적이 없을 것이다. 이 책은 어떤 상황에 놓이더라도 믿을 만하고 설득력 있는 리더십을 보여줄 수 있도록 만들어진 전무후무한 책이다. 책상 한 켠에 꽂아두었다가, 예상치 못한 돌발상황이나 상대의 반응을 맞닥뜨렸을 때는 당황하지 말고 책을 펼쳐 침착하게 대응하라. 또한 중요한 회의나 협상, 요청 전에는 목차를 펼쳐 발생가능한 다양한 경우를 예상하고 적합한 멘트 몇 가지를 노트에 적어둠으로써 적시에 사용할 수 있도록 준비해두어라. 무슨 말을 해야 할지 몰라 고민하거나 당황해 말을 더듬는 일이 없어질 것이다.

❶ 키워드 검색 / 연관 페이지
해당 주제와 관련 있는 키워드를 제시, 연관 페이지로 이동할 수 있다.

❷ 표현의 수위
정중한—무례한, 적극적—소극적 등 표현의 수위별로 멘트를 선택할 수 있다.

❸ 함께 읽으면 좋을 간단한 팁

❹ ( )안의 표현은 삭제 가능

❺ [   ]안의 표현은 취사선택해 사용

❻ 지문
뉘앙스, 제스처가 필요한 경우 첨가 설명하였다.

❼ 추천 멘트
상황별로 가장 흔하게 사용되는 구문에 Good과 Best를 표시하였다. 어디까지나 추천일 뿐, 절대적인 것은 아니다!

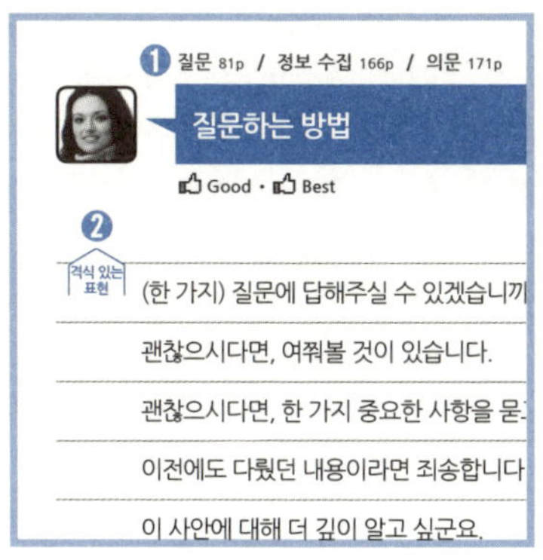

아주 좋은 질문입니다. 답변하기 전에 잠시 생각
아주 기발한 [질문 / 의견]입니다.
⑤
말씀드리기 전에 잠시 생각할 시간을 주십시오
그 문제는 더 검토해봐야 할 것 같습니다.
논의에 앞서 우선 사실을 확인해봐야 할 것 같습
요즘 많은 사람이 그 문제에 관심을 가지고 있죠
언제나 좋은 지적을 해주는군요.
답변할 가치가 있는 좋은 질문입니다

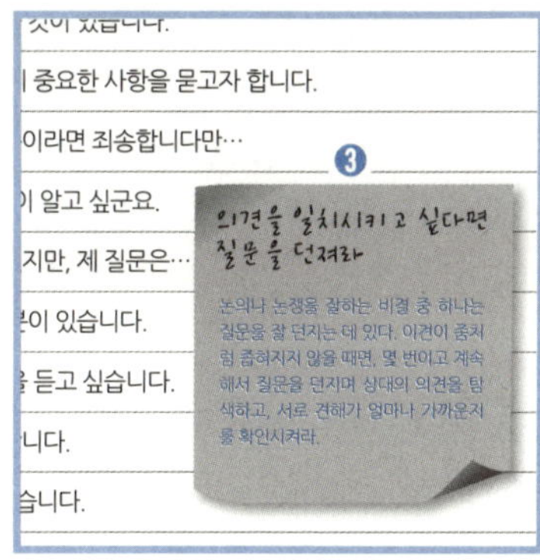

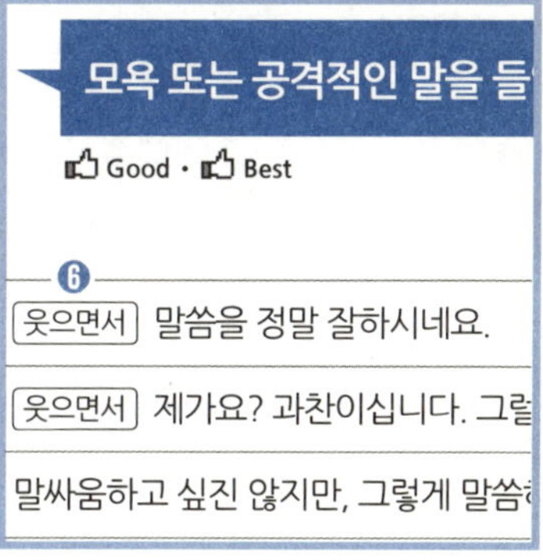

④
(한 가지) 질문에 답해주실 수 있겠습니까?
괜찮으시다면, 여쭤볼 것이 있습니다.
괜찮으시다면, 한 가지 중요한 사항을 묻고자 합니다
이전에도 다뤘던 내용이라면 죄송합니다만…
이 사안에 대해 더 깊이 알고 싶군요.
어떻게 들릴지 모르겠지만, 제 질문은…
짚고 넘어가야 할 부분이 있습니다.
이 문제에 대한 의견을 듣고 싶습니다.

잠시 생각할 시간을
⑦
👍 Good 다시 한 번 말씀해
👍 Good 질문의 요점을 제가
질문하시는 취지가

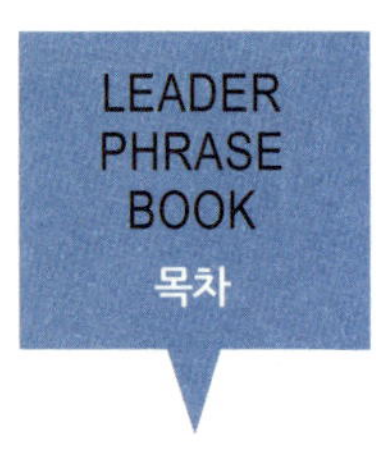

LEADER
PHRASE
BOOK
목차

LEADER
PHRASE
BOOK

협상은 상대방으로부터 최고의 것을 얻어내는 기술이다.
— 마빈 게이(Marvin Gaye)

SITUATION
1
협상할 때

협상력은 훌륭한 리더가 갖춰야 할 가장 중요한 역량 중 하나이다. 협상은 물건을 사고팔거나 기업 간의 교섭에서만 필요한 것이 아니며, 일상적인 인간관계에서도 빈번하게 일어난다. 예를 들어보자. 신혼부부는 집을 어떻게 꾸미고 공간을 배치할지에 관해 협상한다. 교사는 학생들과 수업을 하며 협상하고, 은행원들은 고객과 협상하는 것이 일상이다. 프리랜서는 일에 대한 보상을 받기 위해 금액을 협상하고, 직장인들은 대개 1년에 한 번씩 연봉을 협상한다. 만일 협상하는 법을 모르거나 협상을 두려워한다면, 불리한 상황에 처할 수밖에 없음을 각오해야 한다. 다음의 5가지 사항만 명심한다면 협상 시 유리한 고지를 점할 수 있을 것이다.

첫째, 사람들의 신뢰를 얻어라.

협상을 잘하는 리더를 보면 짧은 시간 안에 신뢰를 얻어내는 것을 알 수 있다. 상대방의 신뢰를 얻으려면 자신이 바라는 바와 목표에 대해 어느 정도 솔직한 모습을 보여야 하지만, 지나치지는 말아야 한다. 적당한 수준에서 내심을 밝히면 사람들은 당신을 더 신뢰하게 될 것이다.

둘째, 자기합리화는 금물이다.

내심을 밝히면 분명 많은 반감이나 거절, 비판 등이 따라올 것이다. 때문에 가끔은 자신을 적당히 감추는 것이 도움이 된다. 솔직하게 임하되(거짓말을 하라는 것이 아니다!) 협상을 하는 동안 당신의 입지를 약화시킬 수 있는 생각은 철저히 숨겨라. 또한 입장을 전달할 때는 최대한 간결하게 말하라. 꼭 필요한 부분만 말하고 말을 자제할 필요가 있다. 잠시 침묵하는 것도 좋은 방법이다. 구구절절하게 자신의 입장을 설명하다 보면 따분하거나 우유부단한 사람, 심지어는 방어적인 사람으로 비칠 수도 있다.

셋째, 약한 모습을 보이지 마라.

서툴거나 경험이 부족한 협상가는 상대방에게 자신의 약점을 쉽게 보이는 우를 범한다. 유리한 고지를 선점할 기회를 이렇게 잃어버리고 싶은 사람은 없을 것이다. 비록 속으로는 떨고 있을지라도 겉으로는 당당하고 자신 있는 모습을 보여라. 작은 협상부터 시작해서 점점 더 결정적인 협상으로 나아가면 된다.

넷째, 과감하게 자리를 박차고 일어서는 걸 두려워 마라.

협상에서 가장 유리한 사람은 어떤 사람일까? 바로 결과에 연연해 하지 않는(또는 그렇게 보이는) 사람이다. 협상을 계속 이어갈 것인지 그만둘 것인지 여부를 정하는 사람이 당신이 되도록 하라!

다섯째, 침묵은 금이다!

협상이라고 해서 항상 말을 해야 하는 것은 아니다. 가끔은 잠시 침묵하거나 협상을 중단하는 것이 억지로 의견을 관철하고자 애쓰는 것보다 더 효과적일 수 있다. 침묵은 불편하고 어색한 분위기를 만들지만, 그러한 분위기 덕분에 상대방으로 하여금 더 양보할 마음이 생기게 할 수 있다.

질문하는 방법

👍 Good · 👍 Best

격식 있는 표현 (한 가지) 질문에 답해주실 수 있겠습니까?

괜찮으시다면, 여쭤볼 것이 있습니다.

괜찮으시다면, 한 가지 중요한 사항을 묻고자 합니다.

이전에도 다뤘던 내용이라면 죄송합니다만…

이 사안에 대해 더 깊이 알고 싶군요.

어떻게 들릴지 모르겠지만, 제 질문은…

👍 Best 짚고 넘어가야 할 부분이 있습니다.

👍 Good 이 문제에 대한 의견을 듣고 싶습니다.

간단히 질문하고자 합니다.

👍 Good 단도직입적으로 묻겠습니다.

👍 Good 질문할 것이 있습니다.

이 문제에 대한 답을 알고 계신 것 같은데요.

궁금한 것이 있는데요.

👍 Good ~인지 궁금합니다.

이 문제에 대해 답해주실 분 있나요?

도무지 해결책이 안 보이는데, 도와주실 분 있습니까?

편안한 표현 호기심이 생기는데요.

> **의견을 일치시키고 싶다면 질문을 던져라**
>
> 논의나 논쟁을 잘하는 비결 중 하나는 질문을 잘 던지는 데 있다. 이견이 좀처럼 좁혀지지 않을 때면, 몇 번이고 계속해서 질문을 던지며 상대의 의견을 탐색하고, 서로 견해가 얼마나 가까운지를 확인시켜라.

질문을 받았을 때 시간을 버는 법

👍 Good · 👍 Best

격식 있는 표현

아주 좋은 질문입니다. 답변하기 전에 잠시 생각할 시간을 주십시오.

아주 기발한 [질문 / 의견]입니다.

Best 말씀드리기 전에 잠시 생각할 시간을 주십시오.

Good 그 문제는 더 검토해봐야 할 것 같습니다.

논의에 앞서 우선 사실을 확인해봐야 할 것 같습니다.

요즘 많은 사람이 그 문제에 관심을 가지고 있죠.

언제나 좋은 지적을 해주는군요.

답변할 가치가 있는 좋은 질문입니다.

아주 흥미로운 질문이라고 생각합니다.

핵심을 찌르는 좋은 질문입니다.

우선 짧게 답변 드리고, 다음 기회에 더 자세히 논의해보죠.

그 문제는 상당한 전문지식이 필요합니다.

잠시 생각할 시간을 주십시오.

Good 다시 한 번 말씀해주시겠습니까?

Good 질문의 요점을 제가 잘 이해했는지 모르겠네요.

질문하시는 취지가?

편안한 표현

솔직히 무슨 말을 해야 할지 잘 모르겠네요.

요점을 강조하는 법

👍 Good · 👍 Best

부드러운 표현	~[이 / 가] 정말 중요하다는 점을 강조하고 싶습니다.

가능하다면, 이 점을 강조하고 싶습니다.

이 문제의 중요성은 아무리 강조해도 지나치지 않을 것입니다.

단어 하나하나가 매우 중요한 대목입니다.

이 부분에 주목해주십시오.

실로 ~(이)라는 사실을 강조하고 싶습니다.

이 점에 대해서는 장담할 수 있습니다.

지금부터 매우 중요한 이야기를 말씀드리겠습니다.

👍 Good　이 문제에 대해 여러 의견이 있으시겠지만, 제 생각은 이렇습니다.

이제 결론을 말하고자 합니다.

이 부분을 매우 신중하게 말씀드리고자 합니다.

👍 Best　이 부분을 분명하게 했으면 합니다.

이 점을 명확하게 해두고 싶습니다.

이제부터 중요한 대목입니다.

이 점에 대해서는 의심의 여지가 없습니다.

👍 Good　한마디로 요약하면 결국 ~(이)라고 할 수 있습니다.

👍 Good　가장 [핵심적인 / 중요한] 점은…

놓치지 말아야 할 중요한 점은…

분명히 ~(이)라고 말할 수 있습니다.

바꿔 말하자면…

~[을 / 를] 이해하는 것이 중요하다고 생각합니다.

단언컨대…

한 단계 더 나아가보죠.

단도직입적으로 말하겠습니다.

Good 전에도 이야기했지만 다시 말하자면…

한번 들어봐요. 이 문제에 관심이 생길 테니까.

 집중해주세요!

타협 28p / 방안 제시 199p

설득하는 법

👍 Good · 👍 Best

 어떻게 하면 이해시켜 드릴 수 있을까요?

 **Good** 제 생각을 말씀드려도 될까요?

이것을 뒷받침하는 많은 연구 결과가 있습니다. 예를 들면…

이것을 아는 사람은 누구든지 ~(이)라고 말할 겁니다.

 **Best** 그동안의 경험을 통해 ~(이)라는 것을 알게 됐습니다.

전문가들은 ~(이)라는 것에 동의할 겁니다.

잠시만 시간을 내주시면 생각이 바뀌실 겁니다.

제 말의 의미를 이해해주십시오.

한 번 더 생각해주시길 부탁드립니다.

일단 들어보십시오. 생각이 바뀔 겁니다.

강요할 수는 없지만…

뭐가 옳고 그른지 충분히 판단력이 있으시잖아요.

제 이야기를 듣고 나니 생각이 바뀌지 않나요?

사실을 직시하면, 분명 이해하실 겁니다.

그건 너무나 명백한 부분입니다.

Good 왜 내 말을 못 알아듣는 거죠?

기본적인 상식이 있는 사람이라면 알 겁니다.

무례한 표현 고집부리지 말고 내 말 좀 들어봐요.

제안을 수락하는 법

Good · Best

격식 있는 표현 제안을 기꺼이 받아들이게 돼 기쁩니다.

Best 기꺼이 제안을 받아들이겠습니다.

정말 영광스러운 제안입니다. 감사합니다.

우리 모두에게 참으로 자랑스러운 순간입니다.

Good 이 일에 [동참 / 참여]할 수 있게 해주셔서 감사합니다.

Good 저도 동참하겠습니다.

제안을 받아들이겠습니다.

저도 함께하겠습니다.

제게도 최고의 선택입니다.

자, 한 번 도전해봅시다.

함께 잘해 봅시다.

이제부터가 시작이네요.

저도 끼워주세요.

생각할 필요도 없군요.

대환영입니다.

이심전심이로군요.

좋습니다!

도움 요청 116p / 거절 186p

제안을 거절하는 법

👍 Good · 👍 Best

애석하지만, 이번에는 (제안을) 정중히 거절해야 할 것 같습니다.

배려해주셨는데 거절할 수밖에 없어 죄송합니다.

지금 당장 제안을 받아들일 수 없어 유감입니다.

좋은 제안이지만, 받아들일 수 없습니다. 죄송합니다.

제안은 고맙습니다만, 다른 방안을 찾아봐야 할 것 같습니다.

정중하게 사양해야 할 것 같습니다.

👍 Good
이미 비슷한 제안을 받아서요, 이번에는 죄송하게 됐습니다.

제안은 마음에 드는데 [상사를 / 배우자를 / 부모님을] 설득할 자신이 없네요.

👍 Good
이번 건은 더 진행하지 않는 게 모두에게 좋을 것 같습니다.

죄송하지만, 이 결정은 제 권한 밖의 일이에요.

이번 건은 함께할 수 없을 것 같습니다. 죄송합니다.

👍 Good
이번에는 안 될 것 같습니다. 제안해주셔서 감사합니다.

여지를 남기되,
거듭 실망을 줌으로써
점차 포기하게 만드는
것도 거절의 방법이다.

현재 상황에서는 다소 부적절한 것 같습니다.

죄송하지만, 지금으로선 그런 [위험을 / 비용을] 감당할 형편이 못 돼서요.

끈기에 감탄했습니다만, 그렇다고 상황을 바꿀 수는 없습니다.

제안을 검토해봤는데 위험성이 좀 있더군요. 받아들일 수 없겠습니다.

이야기를 듣고 나니 해답보다는 의문점이 더 많이 떠오르네요.

더는 진행할 수 없습니다.

진행될 것 같지가 않군요.

그 제안은 제가 막을 거예요.

[농담조로] 대가를 주신다면 하죠.

별로 도움이 안 되는 제안이네요.

[무례한 표현] 해가 서쪽에서 뜬다면 모를까, 가능성이 없는 제안이군요.

판매하는 요령

👍 Good · 👍 Best

과장된 표현 지금 사지 않으면 분명 후회할 거예요.

다 팔리기 전에 사는 게 좋을 걸요.

이렇게 좋은 기회는 다시 없을 거예요.

다른 사람이 다 사가기 전에 가져가세요.

이렇게 좋은 조건 보셨어요? 후회하지 않을 거예요.

오늘만 팝니다.

Best 오늘이 마지막 기회! 내일은 이 조건에 못 드려요.

이 조건에 사기 어려워요.

Good 이번 특별세일은 ○○일까지입니다.

오늘만 특별히 싸게 드리는 거예요.

저희 가게 인기 상품이에요.

오늘 운이 좋으신데요!

다른 데서 얼마에 파는지 아세요? 안 살 수 없는 가격이에요.

좋은 물건 사시는 겁니다.

조금 있으면 가격 오를 거예요.

저도 사용하고 있는데, 정말 괜찮아요.

이 물건을 가지실 자격이 충분합니다.

분명히 [동료 / 친구]들이 부러워할 겁니다.

[구매를 망설이는 사람에게] 어떤 점이 마음에 걸리세요?

이 물건은 최상품 중에서도 최고에요.

정말 파격적인 가격이에요.

품질과 가격 면에서 이보다 더 좋을 수는 없어요.

잘 생각해보세요. 일단 사고 나면 만족하실 거예요.

[배우자 / 동료 / 친구]가 좋아할 거예요.

손해는 아닐 걸요.

금전적으로 이득이에요.

언제든 반품하셔도 돼요.

결정은 본인이 하는 거예요.

설득 21p / 판매 25p / 타협 28p / 방안 제시 199p

절충하는 요령

Good · Best

서로에게 이익이 된다고 확신합니다.

서로 입장을 조금만 더 이해하면 분명 잘될 겁니다.

더 좋은 방안이 나올 것 같은데, 조금 더 이야기해보죠.

더 좋은 제안을 기대합니다.

우리 타협하죠.

서로 조금씩만 양보하면 어떨까요?

이전에 더 좋은 조건을 제안받은 적이 있어요.

 조금씩 양보합시다. 그 방법밖에 없네요.

모두 거래를 원하니 그렇게 합시다.

 조건을 조절해주실 수 있습니까? 저도 양보했잖아요.

지금까지 많은 돈과 인력을 쏟았는데, 이 정도 [문제 / 액수] 때문에 함께하지 못한다면 안타까운 일 아닙니까?

거래가 성사되길 원하지 않습니까?

시간이 [흐르고 있어요. / 얼마 안 남았어요.]

 지난번보다 좀 더 잘해주세요.

제 입장도 생각해주세요.

좀 도와주세요.

이건 개인 일이 아니라, 어디까지나 사업입니다.

같이 먹고 삽시다.

이런 식이면 당신의 경쟁자만 좋은 일 시키는 거요.

음, 이래서는 좀 힘들 것 같네요.

 합의되지 않으면 포기할 수밖에 없네요.

설득 21p / 절충 26p / 이견 조율 142p

교착 상태에 빠졌을 때

Good · Best

 저만큼이나 일을 성사시키고 싶어 하시는 거 잘 압니다. 제안을 하나 하죠.

서로 조금씩 마음을 열고 진솔하게 얘기해보죠.

~[을 / 를] 양보하겠습니다. 어떻게 하시겠습니까?

저는 어느 정도 양보했습니다. 이제 그쪽 차례입니다.

이 상황을 어떻게 해결할 수 있을까요?

진퇴양난이로군요. 이 상황을 타개할 좋은 방법이 없을까요?

이러지도 저러지도 못하고 있는데, 어떻게 하면 좋을까요?

이 상황을 어떻게 벗어나야 할지 모르겠네요.

그냥 합의하면 안 될까요?

다른 방법이 없을까요?

진전이 없네요. 이 상황을 끝낼 방법이 없을까요?

이렇게 서로 자기 얘기만 해서는 방법이 없어요.

이렇게 밀고 당기기만 하니 답답하네요. 마찬가지시겠죠?

어려운 상황이네요. 그만 이 상황에서 벗어났으면 하는데요.

어떻게 해야 할지 저도 모르겠습니다.

협상할 사람이 당신만 있는 게 아니에요.

피차 시간 낭비군요.

절충 26p / 합의 140p / 방안 제시 199p

타협을 요청하는 법

Good · Best

서로 존중한다면 모두를 만족하게 할 만한 합의에 이를 수 있으리라 확신합니다.

뜻을 모으면 합의에 도달할 수 있을 겁니다.

양쪽 다 가장 좋은 결과를 원하고 있습니다. 어떻게 하면 좋을까요?

타협은 항상 최선의 방법이지요.

Good 서로 윈윈 하려는 거 아닌가요?

동의하신다면, 그렇게 합시다.

서로 타협한다는 생각으로 계속 얘기해보죠.

타협하는 게 모두에게 이롭습니다.

Best 서로의 생각을 수용하고 조금씩 양보할 필요가 있겠어요.

서로 이 문제에 대해 생각을 나눌 수 있으면 좋겠습니다.

모두에게 득이 될 만한 결정을 내립시다.

지금까지 협상을 통해 많은 것을 이루었다고 생각합니다. 이제 결정의 시간입니다.

제 이야기를 들어주신다면 저도 그렇게 하겠습니다.

서로 노력해봅시다.

오늘은 반드시 문제를 해결하고 넘어가야 합니다.

Good 제 입장도 좀 이해해주세요.

Good 완벽한 해결책이란 없습니다. 얻는 게 있으면 잃는 것도 있는 법이지요.

서로 양보하는 수밖에 없어요.

분명 합의에 이를 수 있을 겁니다.

이 문제를 해결하지 못하면 [상사 / 동료 / 배우자]를 볼 면목이 없습니다.

최대한 서로 만족할 만한 방법을 찾아보죠.

양보할 건 하고, 줄 건 줍시다.

조금씩은 양보합시다.

타협할 의사가 있으십니까?

이제 결단을 내리시죠.

차라리 가위바위보로 결정하시죠.

자, 이번 건은 저희하고 함께 하시죠.

이제 그만 하시죠. 계속해봤자 시간 낭비에 불과해요.

LEADER
PHRASE
BOOK

리더는 재능과 기질 그리고 선택에 의해 문제를 해결하는 사람이다.
— 할란 클리블랜드(Harlan Cleveland)

2

문제를 해결해야 할 때

뛰어난 리더들은 뛰어난 문제해결사들이다. 어떤 상황에서든 당면한 문제의 해결책을 제시할 수 있다는 것은 곧 어떤 상황에서든 반드시 필요한 사람이라는 뜻과 마찬가지다. 머리가 뛰어나거나 경험이 풍부하면 더 좋겠지만, 그렇지 않더라도 충분히 믿음직한 해결사가 될 수 있다. 다음의 네 단계만 기억한다면 말이다!

1단계. 진단하기

애초에 문제가 잘못되었다면 아무리 뛰어난 해결책을 제시해봤자 헛고생에 그칠 수밖에 없다. 이런 말도 안 되는 일을 피하기 위해서는 먼저 '실제 문제'가 무엇인지 파악해야 한다. 일단 수없이 질문을 던져보라. 일련의 질문들은 문제를 진단하는 데 귀중하게 사용될 정보를 상당량 제공해준다. 바보 같은 질문은 아닐까 두려워 말고, 모든 가능성을 열어둬라.

2단계. 지지를 이끌어내기

제대로 된 리더라면 다른 사람들이 문제의 규모를 인식하고, 문제가 해결되지 않을 경우의 잠재적 위험을 인식하도록 도와줘야 한다. 이 과정에서 리더는 다양한 변수와 영향력들을 고려하면서, 조직원 모두가 해결안의 일부가 되어야 한다는 사실을 설득할 필요가 있다.

3단계. 전략 세우기

문제를 해결하기 위해서는 반드시 머릿속으로 단계적 시나리오를 그려봐야 한다. 또한, 지시를 내리기보다는 협력을 이끌어내는 것이 좋다. 그러기 위해 해결책이 그들(조직원들)의 머릿속에서 나온 것이라고 믿게 만들 방법을 찾아라. 만에 하나 반대에 직면할 경우 당신은 그 해결책이 상대에게 어떤 이득을 가져다줄지를 설득해야 하는데, 훌륭한 리더라면 이러한 다양한 변수와 상황에 유동적으로 대처할 수 있어야 한다.

계획이 가동되기 시작하면 이제 그 이슈는 떠나보내라. 담당자가 당신의 계획을 잘 실행하리라 믿고 다른 사람들의 솜씨에 확신을 가져야 한다. 일이 당신 손을 떠나는 것을 두려워 말고, 대신 일의 경과를 정기적으로 확인하라.

문제를 언급하거나 인정하는 법

 Good · Best

> **문제가 아닌 해결책을 연구하라**
>
> 아인슈타인은 "차라리 문제를 연구하다 보면 저절로 해결책이 떠오를 것"이라고 말했다. 문제 해결은 분명 창의적인 사고와 관련되는 부분이 있지만, 이를 위해서는 문제를 객관적으로 바라보고, 핵심을 도출하는 것이 중요하다. 이 경우 문제를 바르게 바라보도록 관점을 조절하는 것 또한 리더의 역할이다.

과장된 표현

최대한 빨리 이 문제를 해결할 방법을 찾아야 해요.

지금 반드시 해결해야 할 문제가 있어요.

지금 바로 답을 내야 합니다.

오늘 내로 진상규명을 해야 합니다.

핵심적인 사항에 대한 합의 없이는 진행할 수 없어요.

이런 난처한 상황을 벗어날 방법이 있을 거예요. 찾아봅시다!

이 문제를 해결하지 않고는 진전이 안 돼요.

문제 해결을 위해 즉시 전략을 변경할 필요가 있습니다.

Good

이 문제에 대한 해결책 마련이 시급하다는 데 모두 동의할 거로 생각합니다.

빠른 문제 해결을 위해 힘을 모아야 합니다.

문제의 핵심을 빨리 파악하는 것이 급선무입니다.

현실적으로 생각할수록 더 많은 일을 할 수 있을 것입니다.

Best

잠시만 다른 방식으로 생각해보죠.

지금의 접근방식은 효과가 없어요. 다른 것을 시도해보죠.

무턱대고 해결책을 찾는 것보다는 문제를 더 깊이 파 보는 게 우선 아닐까요?

현안에 대해 더 명확하게 이해할 필요가 있어요.

해결책을 다시 생각해볼 필요가 있어요.

모두가 만족할 해결 방안을 찾아봅시다.

포기하기는 일러요. 해결책을 찾기 위해 함께 노력해 봅시다.

지금은 뭔가 시도할 때가 아니에요. 일단 상황과 관련된 더 많은 사실을 모아 봅시다.

아직 방법은 많아요. 뭔가 다른 걸 시도해보면 어떨까요?

다른 방향으로 해보면 어떨까요?

진퇴양난이로군요! 어떻게 해야 할까요?

뭔가 다른 방안을 시도해야 할 것 같군요. 이대로는 안 되겠어요.

같은 일을 반복하면서 다른 결과를 기대하는 건 미친 짓이지요.

해결책을 마련하지 않으면 문제에 파묻힐 거예요.

막무가내로 밀어붙였다 잘못되는 것보다는, 안전하게 있는 편이 더 나아요.

임기응변식으로 대처하는 거야말로 최악이죠. 계획을 짜 봅시다.

임시방편이 아닌 종합적인 해결책을 찾아봐야죠.

오늘은 여기까지 하고 내일 다시 얘기하죠.

내버려두면 저절로 해결될지도 몰라요.

때로는 아무것도 하지 않는 게 최선책이죠.

도움을 요청하는 법

👍 Good · 👍 Best

이 문제를 좀 도와주실 수 없을까요?

방해해서 죄송하지만, 도움이 절실한 상황입니다.

프로젝트의 끝이 안 보이네요. 좀 도와주실 수 있나요?

상황을 정리할 수 있도록 좀 도와주시겠어요?

전문가의 도움이 시급합니다. 시간 괜찮으세요?

어떻게 해결해야 할지 감이 오질 않네요. 방법이 없을까요?

Best 이 문제에 대한 해결책이 필요합니다. 당신 생각은 어때요?

해결 방안을 알고 계시지 않을까 해서 여쭙습니다.

적절한 해결책을 찾을 수 있게 도와주십시오.

이 문제를 해결할 수 있게 도와주신다면 정말 감사하겠습니다. 어떻게 해야 할지 모르겠네요.

도와주시지 않으면 이 상황에서 절대 빠져나오지 못할 거 같아요.

이 문제는 내 손을 떠난 것 같군요. OO 씨가 맡는 것이 나을 것 같아요.

어떠한 제안이라도 듣겠습니다.

어떻게 하면 좋을지, 아이디어라도 주시면 정말 고맙겠군요.

Good 어떻게 해야 할지 모르겠어요. 도움을 청해도 될까요?

좀 도와주실래요?

이 문제를 해결할 수 있겠어요?

어떤 해결책이 있죠?

이 상황에서 믿을 사람이라곤 자네뿐이야!

일이 엉망진창이야! 해결할 방법이 없을까?

당신의 도움 없이는 절대 해결할 수 없을 것 같습니다.

Good 좀 도와줘요!

편안한 표현 제발 날 좀 살려줘!

복잡한 문제를 단순화하는 법

👍 Good · 👍 Best

정중한 표현 너무 복잡한 것 같군요. 문제를 좀 단순하게 정리해주시겠어요?

Best 단순하게 생각해봅시다. 정확히 무슨 뜻이죠?

일단 핵심윤곽을 그려봐야 하지 않을까요?

몇 번을 생각해봐도, 무슨 말씀이신지 이해가 잘 안 됩니다.

그런 접근방식이 저로서는 좀 어렵게 느껴지는군요.

조금 간단하게 정리해주실 수 없을까요? 핵심이 뭔지 파악하기 어렵네요.

Good 복합적인 상황을 더 복잡하게 만들지 맙시다. 일단 상황을 좀 나눠서 단순화해 접근하는 게 어떨까요?

전 좀 단순하게 접근했으면 하는데, 어떠세요?

핵심만 부탁해요.

너무 많은 이야기할 것 없이, 간결하게 가는 게 더 좋겠군요.

지금은 단순한 방식으로 진행하는 게 최선입니다.

기본에 충실합시다. 괜찮죠?

내 머리로는 도저히 감당할 수가 없네요!

왜 모든 걸 검토하려고 하는 거죠?

(문제의) 기본 틀 안에서 생각합니다.

괜히 문제를 복잡하게 만들지 맙시다.

쓸데없이 옆길로 새거나 엄한 얘기 하지 맙시다.

좀 더 간략하게 하는 것 어때요?

기본에 충실해주시길 바랍니다.

어느 정도 상황이 정리되었다면 그 다음은? 팀원들에게 행동의 윤곽을 제시하라!

세부사항은 중요하지 않아요. 기본적인 걸 검토해봅시다.

정확히 무슨 일이 일어나고 있는지 25자 이내로 얘기해 봐.

그냥 문제가 뭔지 기본적인 것만 알려줘.

내가 보기엔 너무 복잡해지는 것 같은데, 다시 한번 처음부터 볼까?

쉽게 일하려면, 문제를 좀 더 쉽게 이해해야 해.

시간 없으니 핵심만 말해봐.

사실만 말해주시죠.

바로 본론으로 들어가자고. 시간이 별로 없어.

사소한 데 목숨 걸지 맙시다.

그냥 빨리빨리 할 수 없겠어?

쓸데없는 건 좀 버려!

누군가 복잡한 상황을 지나치게 단순화할 때

👍 Good · 👍 Best

이 건은 당신 생각보다 좀 더 복잡할 수도 있어요.

문제의 다양한 측면을 고려해보죠.

문제의 핵심을 파고 들어가는 게 좋긴 하지만…

👍 Good
사실 그 문제는 훨씬 더 복잡해요. 그렇지 않나요?

그 문제에 대해서는 더 복합적으로 생각해보는 게 도움이 될 것 같습니다.

Best 이 사안을 지나치게 단순화했다고 생각되는데요.

무례한 표현 그건 너무 근시안적인 생각이네요.

자신감 191p / 동기 부여 209p

힘든 시기를 겪고 있는 동료 또는 부하직원에게 말하는 법

👍 Good · 👍 Best

다정한 표현 힘들지? 내가 어떻게 하면 좀 도움이 될 수 있을까?

Best 진심으로 걱정하고 있어. 내가 할 수 있는 거라면 뭐든 돕고 싶어.

(무엇이 필요하든) 난 항상 여기 있을게.

나도 비슷한 상황을 겪어봤기 때문에 전적으로 이해해.

무슨 말을 하는지, 얼마나 힘든지 다 알겠어.

내가 무슨 말을 하든 지금은 소용없겠지만, 장담컨대…

다 털어놓고 이야기하다 보면 뭐든 극복해낼 수 있을 거야. 난 믿어.

이 또한 지나갈 거야!

살다 보면 확실히 갑작스레 일어나는 일들이 있지.

아무리 원해도 현실에서 도피할 수는 없는 법이야.

그 일은 정말 유감이야. 그래도 계속 살아나가야지.

이런 때일수록 더 강해져야 해.

시련이 자네를 더 강하게 만들 거야.

바꿀 수 없는 것들은 받아들일 수밖에.

다들 각자 힘든 시기를 겪기 마련이야. 누구나 다 똑같아.

자네는 괜찮을 거야. 그냥 느낌이 와.

인생사 새옹지마이니, 너무 상심하지 말게.

힘내! 괜찮아질 거야.

지난 일에 관해 언급하는 법

👍 Good · 👍 Best

우리는 많은 걸 배웠고 덕분에 더 강해졌어요.

지난 어려운 시간 덕분에 오늘의 우리가 있습니다.

우여곡절이 많았지만 돌아보니 그 일들이 우리를 지탱해주고 있네요.

그런 어려움에서 우린 살아남았고 더 강해졌어요.

이미 지난 일이에요.

그때 겪은 시련도 이제 다 지난 일이죠.

운 좋게도 그 모든 일을 다 헤쳐왔네요.

과거의 문제들 덕분에 많이 성장할 수 있었어요.

많은 어려움이 있었지만, 그때마다 극복할 수 있으리라 믿었어요.

우리가 겪었던 문제들은 이제 역사 속에서나 회자될 거요.

그 일로 인해 많은 걸 배웠지만, 이제 미래를 내다볼 때입니다.

과거를 없앨 순 없지만 더 나은 미래는 만들 수 있어요.

어려움을 겪으면 누구나 상처를 받기 마련이죠.

Good 지난 일들에서 배우지 못하면 같은 실수를 반복하게 될 겁니다.

지나간 과거를 다시 쓸 수는 없어요.

끝난 건 끝난 거고, 새로운 일로 넘어가야죠.

그때는 문제를 제대로 해결하지 못했어요. 다음번에 비슷한 상황이 생기면 더 잘해야겠죠.

문제 인정 36p / 주제 환기 80p / 이견 조율 142p

현안에 대해 이야기하는 법

🖒 Good · 🖒 Best

문제 해결에 필요한 것들을 검토해봅시다.

논의하다 보면 어떤 문제든 극복할 수 있을 거예요.

함께 힘을 합치면 이 위기도 극복할 수 있을 겁니다.

상황을 극복하려면 세부 사항들을 들여다봐야 해요.

지금 같은 상황에서 가장 필요한 건 토론입니다.

머리를 맞대고 상의하면 아무리 어려운 문제라도 해결할 수 있을 겁니다.

문제의 다른 측면을 살펴봅시다.

토론이 더 필요해요. 시간 괜찮으세요?

이럴 수도 없고, 저럴 수도 없군요. 대안을 논의해봅시다.

좀 더 논의하다 보면 (이 문제를) 처리할 수 있을 겁니다.

이번 일을 하나의 도전이라고 받아들이고, 여기 익숙해져야 해요.

할 일은 많은데 시간은 별로 없네요. 핵심부터 다뤄봅시다.

무슨 일이 생기든, 일이 더 쉬워지지는 않을 거예요. 이야기를 좀 해보죠.

토론이 도움이 될 겁니다.

빨리 손쓰지 않으면 더 많은 문제가 생길 겁니다.

빨리 해결하지 않으면 진짜 심각한 문제가 생길 겁니다.

빨리 해결하지 못하면 점점 더 심각한 상황이 될 것 같아요.

상황이 더 나빠지도록 내버려둘 시간이 없어요.

그냥 내버려둬서는 안 되는 상황이에요.

지금 바로 손쓰지 않으면 상황이 더 나빠질 거요.

내버려둔다고 해결될 문제가 아니에요.

이 상황은 재앙이야. / 완벽한 비상사태야.

계획을 제안하는 법

👍 Good · 👍 Best

| 단호한 표현 | 이 계획이 성공으로 가는 기회를 가져다줄 거라 믿습니다. |

👍 Best 이 제안이 최선이라는 데 동의하실 겁니다.

이 제안에 따르는 것 외엔 방법이 없습니다.

경험상, 이번 제안은 제대로 먹힐 겁니다.

👍 Best 이 아이디어대로라면 더 많은 일을 이뤄낼 수 있을 거예요.

뭔가 새로운 걸 해 봅시다.

우리에겐 새로운 방향이 필요해요. 누구 나와 같이할 사람 (있나요)?

내게 괜찮은 아이디어가 하나 있어요.

👍 Best 새롭게 제안하고 싶은 아이디어가 있습니다.

일단 이 방법대로 해보는 게 어떨까요?

철저하게 계획을 세워야 성공할 수 있어요.

이 계획을 검토해주세요. 도움이 될 거로 생각합니다.

여러 대안을 신중히 검토했지만 (나는) ~안을 지지합니다.

선택하기 쉽지 않았어요. (나는) ~안을 지지합니다.

이 제안 외에는 다른 선택의 여지가 없네요.

이 계획도 시도할 만해 보이는데요.

아마 제대로 되기 어려울 거예요. 하지만…

신중한 표현 | 잘 안 될지도 몰라요. 하지만…

45

상대의 제안에 대해 경고하는 법

👍 Good · 👍 Best

정중한 표현 | 정말 (무슨 일이 있더라도) 그 일이 하고 싶어요?

Best | 좀 더 심사숙고해보세요.

무슨 말인지 알겠지만, 다시 한번 생각해보세요.

Good | 당신이 어떤 상황에 처해있는지 확실히 알길 바랍니다.

정말 하고 싶은 건 아니죠, 그렇죠?

꼭 그렇게 해야만 되겠어요?

그 아이디어는 별로라고 생각되지 않아요?

아무것도 모르는 신입들이나 하는 행동 아닐까요?

이 일은 하지 않길 바랍니다.

이렇게 행동하니까 지금 이 모양인 거죠.

확실히 좋은 생각은 아닌데요.

(당신에게) 결코 좋은 일이 되진 않을 텐데.

좋게 끝나진 않을 걸요?

그런 정신 상태로는 결국 일을 망치게 될 거요.

Good | 일이 잘못되어도 내 책임은 아닙니다.

나중에 "그렇게 될거랬잖아" 라고 말하고 싶지 않군요.

무례한 표현 | 최악의 아이디어예요. 나중에 내가 미리 경고하지 않았다는 소린 말라고요.

불평하는 법

👍 Good · 👍 Best

정중한 표현	관심이 없었다면 이런 이야기도 안 했을 겁니다.

(내가) 걱정하고 있다는 걸 알았으면 좋겠네요.

잘하고 있지만, 더 개선할 여지가 있어서 하는 이야기예요.

기본적으로 따지는 걸 좋아하지 않습니다만, 지금 상황에 만족하십니까?

죄송하지만, 이건 아닌 것 같습니다.

👍 Good 호들갑 떨고 싶진 않지만, 이 일은 저와 안 맞는 것 같아요.

불평하고 싶지는 않지만, 이번만은 어쩔 수 없네요.

보통 투덜대지 않는데, 이건 좀 아닌 것 같아요.

일이 어떻게 되든 상관없다는 건가요?

이대로도 별 문제 없다고 생각할지 모르겠지만, 난 아니에요.

👍 Best 내 [입장 / 기분]을 생각한다면 이건 바꿔주세요.

좀 따져볼 게 있어요.

이건 사람을 올바로 대하는 게 아니죠.

이건 절대 안 될 겁니다.

절대 받아들일 수 없어요.

👍 Good 난 할 수 있는 건 다 했어요.

무례한 표현 진짜 열 받게 하네요.

분노 62p / 방어적 반응 78p / 사과 124p, 128p

불평불만에 대응하는 법

👍 Good · 👍 Best

저도 같은 마음이에요.

Good 같은 상황이었다면, 저도 화가 났을 거 같아요.

걱정하시는 부분은 충분히 이해합니다. 만족스럽게 해결될 것이라 약속드립니다.

선생님 말씀에 동의합니다. 개선을 약속드립니다.

왜 그렇게 느끼시는지 이해해요. 할 수 있는 한 최대한 노력해 볼게요.

완벽히 만족하실 때까지 최선을 다하겠습니다.

문제를 바로 고칠 수 있도록 전반적인 사항을 파악하고자 하는데요.

Best 최대한 도와드릴 수 있도록 더 상세하게 알려주시겠어요?

최대한 빨리 이 문제를 해결할 수 있도록 가능한 모든 것을 다 시도해볼 겁니다.

죄송합니다. 저희도 해결 중이에요.

Good 양해 부탁합니다. 전혀 고의가 아니었어요.

이례적으로 해드리는 겁니다.

상황은 이해합니다만 저희도 열심히 하고 있어요.

제 잘못이 아닙니다만, 상황이 호전될 수 있도록 최선을 다하고 있어요.

조금만 참아주세요. 저도 최선을 다하고 있어요.

지금 당장은 제가 해드릴 게 없네요.

모르니까 그런 식으로 쉽게 추측해 버리죠.

누군가가 그런 식으로 얘기하면 쉽게 도와주질 못하겠더군요.

그렇게 기분 나빠하지 마세요. 할 수 있는 선에서 최선을 다하고 있어요.

알겠어요. 하지만 불평한다고 당신에게 달라질 건 없어요.

뭐가 문제인지는 알겠지만, 그다지 시급한 사안은 아닌 것 같아요.

그렇게 불평하면 뭐가 달라져요?

누구나 완벽할 수는 없잖아요.

내 [문제가 / 일이] 아니에요.

나와는 상관없어요.

힘든 동료 41p / 불평 48p / 방어적 반응 78p

부정적인 사람을 상대하는 법

👍 Good · 👍 Best

무슨 뜻인지 알겠어요. 저라도 화가 났을 거예요.

컨디션이 안 좋아 보이네요. 도와드릴 건 없나요?

어렵다는 건 알지만, 긍정적으로 해봅시다.

부정적인 마음을 버리고 긍정적인 마음으로 오늘 하루를 시작해봅시다.

생산적인 부분에 집중해봅시다, 알겠죠?

오늘 하루 힘들었다는 건 알지만…

👍
Best
문제가 있으면 해결책도 있는 법이에요.

그래서 계획이 뭐죠? 어떻게 할 생각인지 궁금하군요.

확실히 문제가 있지만, 그래도 어쩌겠어요. 끝까지 해내야죠.

이해는 되지만, 그런 태도가 팀 전체의 사기에 영향을 미친다는 걸 기억해 줘요.

부정적인 [말 / 생각]은 상황을 더 악화시킬 뿐이에요.

왜 그렇게까지 말하는지 모르겠군요.

본인이 좀 오버한다고 생각하지 않아요?

기분이 전부가 아니죠.

종일 그런 상태로 있을 거예요?

자네, 지금 전혀 [프로페셔널하지 않아. / 도움이 되고 있지 않아.]

그런 이야기는 일단 하는 데까지 노력한 후에 꺼내는 게 어때요?

부정적인 기운을 전염병처럼 퍼뜨리고 있는 거 알아요?

투덜댄다고 달라질 건 아무것도 없어요.

시니컬하게 있을 시간이 없어요.

너무 부정적으로만 보지 마.

삐딱하게 보지 마.

이보다 더한 일을 겪은 사람도 많아요.

아무것도 아닌 일을 크게 만들고 있는 거 알아요?

그렇게 떠들만한 상황이 아니에요.

열심히 일하는 다른 사람들까지 우울하게 만들어야겠어요?

자네가 지금 팀 분위기를 해치고 있어.

개인적인 문제와 연관지어 생각하지 말아요.

당신 때문에 나까지 다 우울해지는군요.

그런 이야기 들을 기분이 아니에요.

그 이야기는 이미 충분히 들었어요.

그게 인생이야. 이겨내.

또 그 얘기야? 이제 지쳤어.

제발 그만 합시다.

낙관적인 전망을
논리정연하게 전개하라

부정적인 사람과 말다툼을 하는 것만큼 비생산적인 일도 없다. 지나칠 정도로 시니컬한 사람을 대할 때는 증거와 논리를 동원해 낙관적 전망을 제시하고, 여유 있는 태도로 상대의 마음을 안정시키도록 한다.

LEADER
PHRASE
BOOK

분노에 사로잡힌 사람은 항상 나쁜 결과를 만들어낸다.
— 윌 로저스(Will Rogers)

3

갈등이 심해질 때

대부분의 인간관계에는 갈등이 따르기 마련이다. 아무리 좋은 관계라도 크고 작은 갈등 국면을 맞이하게 되는데, 많은 이들이 직장생활이나 협력관계에서 스트레스를 받는 주요 원인으로 '갈등'을 꼽는다.

그러나 비 온 뒤에 땅이 굳듯이, 어렵고 힘든 시간을 보내는 속에서 강력한 시너지를 내는 인간관계가 형성되기도 하는 법이다. 다음의 몇 가지 간단한 원칙들을 기억하고 활용하면 장기적으로 윈윈 하는 인간관계를 만들어나갈 수 있을 것이다.

첫째, 대화하고 타협하라.

열린 의사소통과 타협은 건강한 인간관계를 위한 두 가지 기본기술이다. 갈등을 피하는 것만이 능사는 아니며, 대화와 타협이야말로 갈등을 효과적으로는 해결하는 핵심 열쇠란 점을 기억하라. 목표는 '승리가 아닌 해결'이란 관점에서 터놓고 이야기하며, 감정에 휩싸이지 않는 것이 중요하다.

둘째, 핵심 주제를 고수하라.

주제를 벗어난 논의가 계속되거나, 논의가 막다른 곳으로 진행될 경우 갈등은 해결되지 않고 계속될 위험성이 높다. 갈등이 해결되거나 타협에 도달할 때까지는 핵심 이슈에 집중하기 바란다. 비록 주제와 관련해 타당한 문제제기라 생각되더라도, 한 달 전에 일어난 일에 관해서는 더 이상 언급하지 마라. 이런 이야기들은 억눌러져 있던 감정만 불타오르게 만들 뿐이다. 서로 에너지와 의지, 인내력을 소모시키는 (별 관계 없는) 논의에서 벗어나 당면한 문제에만 집중할 때, 비로소 만족할 만한 결론에 다다를 수 있을 것이다.

셋째, 마음은 차분하게, 두뇌는 냉철하게!

평상시에도 그래야 마땅하지만, 특히 갈등상황에서는 차분한 마음가짐과 냉철한 두뇌로 접근하는 것이 중요하다. 고함을 치거나 욕설을 하거나 비난하는 등 공격적인 자세를 억제하고 최대한 긍정적으로 대해야 한다. 만약 너무 화가 나거나 마음의 평정을 유지할 수 없다고 판단되면, 진정할 시간을 가져라. 갈등요소로부터 조금 떨어져서, 이 논의를 통해 얻을 수 있는 가장 좋은 결과를 생각하고, 어떻게 하면 그 결과에 이를 수 있을지를 고민하라. 나가서 잠시 걸어도 좋고, 커피를 한 잔 마셔도 좋다. 잠시 쉬면서 긍정적인 마음가짐을 회복하고 흥분을 가라앉혀라.

넷째, 공감하며 경청하라.

갈등 상황에서는 상대방이 말하고자 하는 것을 끝내도록 놔두는 것만으로도 상당히 효과를 볼 수 있다. 설사 입이 간지러워 못 참을 지경이더라도, 상대방의 말을 방해하지 마라. 주의를 기울여 듣고 편안하게 눈을 맞추며, 경청하고 있음을 반드시 상대방이 알게 하라. 상대방이 말을 마치면 감사를 표시하고, 자신의 의사를 표현하기 전에 먼저 상대방의 감정과 생각에 다시 한 번 공감을 표해줘야 한다. 이렇게 하면 서로 감정이 한결 누그러지는 것을 느낄 것이다. 논쟁의 목적은 승패에 달려 있는 것이 아니라, 모두가 만족할 만한 타협을 이끌어내는 데 있음을 명심하자.

갈등이 고조될 때

👍 Good · 👍 Best

우호적인 표현
큰 문제 없어요, 서로 의견이 조금 다른 것뿐이에요.

👍 Best
유감스럽지만, 약간의 오해가 있는 것 같군요.

이렇게 논란의 여지가 많은 주제는 일단 피하는 게 상책이죠. 다른 이야기부터 할까요?

월요일인데다 잠이 부족해서 서로 예민해진 게 아닐까요?

노벨상 수상자들도 이 주제 때문에 골머리를 앓았다는 소문이 있던데.

잠시 분위기를 좀 가라앉힙시다. 우리 중 누구도 생산적인 토론을 할 정도로 충분히 사안을 파악하고 있지 못한 것 같군요.

이러다가 과열될 수도 있겠어요. 잠깐 대화를 중단하고 휴식 시간을 가지는 게 어떨까요?

잠깐 쉬고 좀 차분해진 후에 다시 모입시다.

모두 이 문제에 관해 제대로 알지 못하는 것 같은데, 이렇게 다툴 필요가 있을까요?

별로 중요치 않은 사안으로 다투는 건 피해야 하지 않을까요?

이런 사소한 일로 다툴 필요가 있을까요?

이 주제는 여러모로 문제가 많다고 생각하지 않으세요?

이런 논쟁을 계속하는 게 과연 현명한 일일까요?

원래 이런 주제에는 [논쟁 / 논란]이 따르기 마련이에요.

👍 Best
이 문제로 골머리 앓은 사람이 한둘이 아니라더군요.

👍 Best
단지 의견 차이일 뿐, 그 이상도 그 이하도 아니에요.

반대를 위한 반대를 과연 건설적이라 할 수 있을까요?

판단하려고 들지 말고, 더 정중하게 논의에 임해주십시오.

이럴수록 오해가 더욱 깊어질 것 같군요.

아무것도 아닌 일을 크게 만드는 것 아닌가요?

양쪽 다 상대방에 대한 존중이라곤 찾아볼 수 없군요. 잠시 멈췄다가 다시 시작합시다.

논쟁을 원하시는지 모르겠지만, 전 별로 그러고 싶지 않네요.

반대의견을 내는 건 좋은데, 말하는 강도는 좀 낮춥시다.

더 악화되기 전에 여기서 멈춥시다.

 이런 식의 말다툼은 아무런 도움이 안 돼요.

 이렇게 모두가 공격적이어서는 논의를 계속할 수 없습니다.

저한테 말할 때 너무 전투적인 거 아세요?

그렇게 열 받은 이유가 뭡니까?

누가 당신보고 결론 내리라고 했나요? 성급하게 결론짓지 마세요.

사소한 것에 목숨 거시네요.

한번 해보자는 건가요?

진정하세요!

그렇게 열 내실 겁니까? 열 좀 식혀요!

논의 중 충돌이 일어났을 때

Good · Best

충분히 화날 만해요. 저도 비슷한 일을 겪어봐서 알아요.

세련미 넘치는 대화로군요. 계속들 하시죠.

자자, 사격 중지! 10분간 휴식합시다.

두 분 다 얼굴이 붉어지셨네요. 얼굴색이 예술입니다. 섹시하시네요.

감정을 조금씩만 다스리면 재미있는 토론이 될 텐데요.

Good 자, 논쟁하기 전에 논점들을 전부 재검토해 봅시다.

Best 잠깐만, 내 말 좀 들어봐요. 의견을 조율하는 데 도움이 될 거예요.

자자, 우린 한 팀이란 거 잊지 않았죠?

서로 화합이 필요한 상황이에요. 알죠?

서로 깎아내리려고만 하지 말고, 협력해야 하는 거 아닌가요?

감정을 자제하고 차분하게 얘기하면 무슨 큰일이라도 생겨요?

잠깐 쉬고, 감정을 가라앉힌 후에 다시 모입시다.

그런 일로 서로 기분 상하게 하지 맙시다.

일을 다 망쳐버릴 셈이라면, 계속 싸워보게!

화기애애하게 합시다.

곤란해지기 전에 진정들 하세요.

싸우지들 말고 조용조용, 차분하게 이야기합시다.

이 시점에서 논쟁하는 건 의미가 없어요.

언성 높이지 말고 더 좋은 방법을 찾아봅시다.

무의미한 논쟁은 그만 하고, 건설적인 이야기를 해보죠.

자, 그 얘긴 그만합시다.

이런 식으로는 아무 결론도 나지 않아요.

Good 엎질러진 물이 되기 전에 이쯤에서 둘 다 그만둬요.

자네가 방금 한 행동은 절대 하지 말아야 할 행동이었어.

그런 식으로밖에 못하나? 그만 하게.

애들도 아니고, 다 큰 어른들이 할 소리야?

윗선에 보고 드리기 전에 둘 다 그만 해요.

그만들 하지 않으면 그만두게 될 줄 알아!

성질들 내지 마!

이건 뭐 초등학생들도 아니고, 아주 웃기고들 있구먼.

사과 124p, 128p / 연락 재개 173p

갈등을 푸는 방법

👍 Good · 👍 Best

서로 좀 더 솔직하게, 있는 그대로 말해 봅시다.

서로 관점이 좀 달랐던 것 같습니다. 같이 상세하게 검토해보는 게 어떨까요?

Best 오해가 있었던 것 같은데, 함께 노력하면 해결할 수 있을 거예요.

Good 서로 오해가 있는 듯한데, 잘 해결하고 싶네요.

공통점을 찾으면 일이 더 순조롭게 풀릴 겁니다.

머리를 맞대면 좋은 생각이 날 겁니다. 한 번 저희와 함께 해보시죠.

이런 문제는 사실 [사업하다 보면 / 직장생활 하다 보면] 흔히 생기는 일이죠. 충분히 해결할 수 있습니다.

약간만 절충하면 잘 될 겁니다.

괜찮다면 다시 원점으로 돌아가서 시작해보죠.

 더 큰 그림에 집중하는 게 좋지 않을까요?

이 문제를 해결할 수 있게 좀 도와주세요.

뭐가 문제인지 잘 알고 계시는 것 같군요. 미안하지만 설명을 부탁해도 될까요?

서로 공감하지는 못하더라도, 최소한 각자의 입장을 이해할 수는 있지 않을까요?

감정을 좀 가라앉히면 더 잘 지낼 수 있을 것 같아요.

더 이상 부딪치고 싶지 않습니다. 여기서 완전히 매듭을 짓죠.

자꾸 그런 식으로 [나를 / 상대를] 공격한다고 해서 문제가 해결될 것 같아요?

자꾸 잘못된 가정을 하니까 진도가 나가지 않잖습니까?

왜 그렇게 마음의 문이 닫혀 있어요?

자, 싸우지 맙시다.

 더 이상 문제삼지 맙시다.

협박 67p / 비아냥 74p / 욕설 85p

모욕 또는 공격적인 말을 들었을 때

Good · Best

 [웃으면서] 말씀을 정말 잘하시네요.

[웃으면서] 제가요? 과찬이십니다. 그럴 리가요.

 말싸움하고 싶진 않지만, 그렇게 말씀하시니 조금 당황스럽습니다.

다른 사람들도 당신 말에 동의할까요?

방금 그 말은 안 하는 게 나을 뻔했군요.

그 말을 제가 심각하게 받아들여도 되겠습니까?

방금 그 말, 설마 진심은 아니죠?

Good (당신이) 그런 말을 하리라곤 상상도 못했어요.

방금 본인이 무슨 말을 했는지 알아요?

말이 안 되는 얘기란 건, 본인도 알죠?

그런 말을 하다니, (내) 귀가 의심스럽군요.

무슨 말인지 이해가 안 됩니다.

말의 요점이 뭡니까?

말하기 전에 생각 좀 하세요.

지금 제정신으로 말한 거예요?

어떻게 그런 말을 할 수가 있어요?

방금 그 말은 상당히 [심란하게 / 공격적으로] 들리는데요?

Good 자네, 말하는 방식에 대해 얘기 좀 하지.

어떻게 그런 식으로 이야기할 수 있죠?

방금 한 말이 무슨 뜻인지 알기나 해요?

사람들 앞에서 얘기할 땐 조심 좀 하시죠.

그런 식으로 말하면 (당신을 위해) 해줄 수 있는 게 별로 없어요.

항상 생각나는 대로 모든 걸 얘기합니까?

Good 지금 진심으로 얘기한 거죠?

방금 나한테 큰소리친 거 알아요?

그렇게 말하니 본인이 뭐라도 된 것 같습니까?

이런 얘기를 할 때와 장소도 구분 못 합니까? 그렇게 사리분별이 안 돼요?

해서는 안 될 말도 있는 겁니다. 그 정도도 분간 못 해요?

 그런 말을 들을 기분이 아니거든요.

남의 화를 돋우는 게 취미입니까?

본인 입장이 그렇다면, 나도 더 할 말이 없군요.

그렇게 믿어서 기쁘다면, 맘대로 생각하십시오.

정말 정이 뚝 떨어지네요.

이런 식의 [말은 / 대우는 / 태도는] 정말 참을 수 없습니다.

 말조심해요. 안 그러면 나도 가만있지 않을 테니.

불평 48p / 갈등 해소 59p / 이견 조율 142p

누군가 화가 났을 때

Good · Best

 항상 기분이 좋을 수 있나요? 좀 참으세요.

상대도 진심은 아니었을 거예요.

불쾌하게 하려고 한 말은 아니었을 거예요.

프로답게 대처합시다.

 좀 지나치게 받아들이는 것 같아요.

감정 제어가 필요할 것 같아요.

감정이 좀 격해진 것 같군요.

제게 화가 나신 것 같은데, 아닌가요?

어딘지 화가 난 목소리로군요.

굳이 그렇게 감정적으로 반응할 필요가 있을까요?

화나신 것 같은데, 진정하세요.

좀 걷는 게 어때요? 바람을 쐬면서 진정할 필요가 있겠어요.

👍 Good 화가 많이 난 것 같은데, 다음에 얘기합시다.

👍 Good 목소리 좀 낮추시죠.

속 좁게 굴래요?

자네들끼리 있을 땐 화를 내든 싸우든 괜찮지만, 내가 있을 땐 안 돼.

그만 진정하지 못할 거면 여기서 나가.

 조용히! 그만 좀 해.

협박 67p / 비난 69p / 시비 72p

상대가 떼를 쓰거나 당신을 압박해 올 때

👍 Good · 👍 Best

 저도 그러고 싶지만, 시간을 낼 수가 없어서요.

그렇게 해드릴 수만 있다면 저도 좋죠. 하지만 지금 가야 해서요.

타이밍이 좋지 않네요, 유감입니다.

정말 돕고 싶습니다만, 제가 지금 시간이 전혀 없네요.

👍 Good 할 수만 있다면 더 돕고 싶습니다만, 어렵겠네요.

정중히 거절할 수밖에 없어 유감입니다.

미안하지만, 지금은 도와드릴 수가 없어요.

그냥 밀어붙이지 말고 제 사정도 좀 감안해주세요.

소용없어요. 불필요한 대화는 그만 하죠.

일을 항상 이런 식으로 해결해 오셨나 본데, 저는 이런 방식을 좋아하지 않습니다.

쓸데없는 수고를 하는군요.

지금 이러는 게 당신 시간만 낭비하는 일이란 거 알아요?

실제로 도움이 될 만한 사람하고 이야기하세요.

이런 데 쓸 기운 있으면 본인 일에나 힘쓰세요.

도움이 필요하면 저도 요청할게요. 일단 가 계세요.

이건 좀 심한 거 아닌가요? 그만 좀 하시죠.

그만 괴롭히고, 다른 사람한테나 가 봐요.

교착상태 27p / 갈등 해소 59p / 이견 조율 142p

상대가 지나치게 고집을 부릴 때

👍 Good · 👍 Best

다양한 관점에서 문제를 바라볼 수 있지 않을까요?

이 문제와 관련해서는 다른 방법도 있습니다.

당신의 관점을 이해하지만, 저는 다르게 생각합니다.

무슨 말인지 알겠습니다. 하지만 완전히 동의할 수는 없군요.

다양한 관점에서 문제를 바라볼 수 있을 것으로 보입니다. 객관적으로 생각해보자면…

결국엔 제가 옳다는 걸 알게 될 겁니다.

제 이야기의 논지를 충분히 이해하고 계신 것 같지 않아서 걱정스럽네요.

제 이야기를 들을 준비가 되셨나요?

그렇게 고집을 부리면서 '내가 옳고 당신을 틀렸다'는 식으로 주장하면, 아무런 결론도 내리지 못할 거예요.

서로 양보하지 않는다면 아무런 결론에도 다다르지 못할 거예요.

👍 Good 서로 옳다고만 주장하면, 아무 일도 이룰 수 없어요.

잠시만이라도 제 얘기에 귀를 좀 기울여주세요.

다른 사람들의 관점도 받아들일 필요가 있어요.

서로 의견을 나누고, 다른 의견을 받아들이기도 하는 게 회의 아닌가요?

모두 이기려고만 들면 아무도 이기지 못할 거예요.

'나는 무조건 옳다'라는 식의 입장을 고수한다면, 생산적인 토론을 할 수가 없어요.

자네가 항상 옳을 수는 없어. 그걸 알기 바라네.

애들처럼 굴지 맙시다.

왜 항상 부장님을 따르든지 아니면 그만두라는 식으로 말씀하시는 거죠?

합리적인 이야기에도 귀를 기울일 수 없다면 더는 할 말이 없습니다. (여기서 그만둡시다.)

바보 소리 그만 하고 남의 의견도 좀 들어봐!

역사를 통틀어서 똥고집이 도움이 된 적은 한 번도 없었어요.

당신이 맞다면 무조건 맞는 거죠.

언제 틀려본 적이 있으신가요, 어디.

이런 똥고집을 봤나!

누군가 거들먹거리며 말할 때

👍 Good · 👍 Best

정중한 표현 저, 미안하지만 그렇게 말씀하시는 이유라도…….

👍 **Good** 어떻게 받아들여야 할지 잘 모르겠는데, 무슨 말씀인지 설명을 부탁드려도 될까요?

👍 **Best** 오해가 없도록 한 번 더 말씀해주실래요?

듣기 좋은 이야기는 아니군요. 제가 오해하는 것일 수도 있으니, 왜 그런 말씀을 하신 건지 설명해주실래요?

제가 제대로 들은 게 맞나요?

제가 잘못 이해한 건 아닌지 궁금하네요.

그런 식으로 말씀하시면 듣기 좋은 사람이 얼마나 있을까요?

그런 말이 다른 사람들에게 얼마나 많은 상처를 주는지 잘 모르시는군요.

지금 본인 입으로 한 말, 맞죠?

제게 기분 나쁜 게 있으세요? 아님 다른 사정이라도……?

조금 더 친절하게 얘기해주시면 좋을 텐데요.

조금 더 말씀을 나누고 싶지만, 들을 마음이 없으신 것 같군요.

조금 더 정중하게 대해주시면 감사하겠습니다.

그 말에 동의할 사람이 과연 있을까요?

사람을 얕보는 투로 말하는 건 정말 좋지 않아요.

👍 **Good** 남에게 상처를 주지 않고 함께 일할 방법을 생각해야 할 것 같군요.

참 겸손도 하시네요. 그 정도 수준의 분은 아닌 줄 알았는데요.

그런 정신자세로 무슨 일을 하겠나.

제게 그런 식으로 말하지 마세요.

왜 이렇게 항상 얘기를 어렵게 만드는 거죠?

그런 식으로 사람을 대하면 결국 아무도 당신 곁에 남지 않을 거요.

그런 식으로 말하지 마세요. 제 의견도 당신 의견만큼이나 중요하니까요.

계속 저를 도발하고 계신 것 같은데, 소용없을 거예요.

본인 의견에 동의하지 않는 사람들에게는 항상 이런 식으로 대합니까?

본인과 다른 의견을 가진 사람들에게는 항상 경멸하는 듯한 태도로 대하는 것 알아요?

그런 식으로 저를 모욕해도 괜찮을 거로 생각하세요?

무례하지 않게 말할 줄은 모르나요?

예의라고는 눈곱만치도 찾아볼 수 없군요.

당신과는 말을 섞을 필요조차 없겠어요.

당신 혼자만 잘났어?

본인이 뭐라도 된 줄 알아요?

친구가 없는 게 놀랍지도 않네요.

모욕 60p / 경고 46p, 95p

협박을 받았을 때

👍 Good · 👍 Best

아슬아슬하네요. 다시 한 번 생각해보셔야 할 것 같군요.

그런 식으로 하면 안 되죠, 선수들끼리.

왜 그렇게 공격적이에요?

받아들이기 어려운 표현이네요.

저한테 무슨 감정 있으세요?

불필요한 데다 감정을 상하게 하는 말이네요.

그만 하시죠.

듣고 있자니, 기분이 썩 좋지 않네요.

이건 시간 낭비예요. 그만 가보겠습니다.

나한테 그런 식으로 말할 텐가?

Best 나중에 후회할 말 하지 마십시오.

방금 말씀은 언어폭력에 해당합니다.

Good 본인이 무슨 말을 하는지도 잘 모르고 있군요.

공격적인 발언은 삼가주시죠.

이럴 시간이 없어요.

내가 당신이었다면 이런 행동은 하지 않았을 거요.

모든 인간관계에는 지켜야 할 선이란 게 있는데, 자넨 그걸 넘었어.

제정신이 아니로군.

Good 뭔가 착각하고 있군요.

계속 이런 식이라면, 책임자를 만나보는 수밖에 없겠군요.

날 협박하는 게 당신 목적은 아닐 텐데.

이 일로 치러야 할 대가가 뭔지는 알고 이러는 겁니까?

Good 지금 무슨 사고를 치고 있는지 모르는 것 같군요.

그런 말에 제가 겁 먹을 거 같습니까?

내가 겁먹을 거라고 생각했다면, 실수했어.

웃기고 있네.

나를 협박한다면, 자네도 성치 못할 걸.

여기서 다시 한 번 말해보시지.

경찰을 부르겠소.

모욕 60p / 협박 67p / 비난 148p

누군가 말꼬리를 잡아 비난할 때

👍 Good · 👍 Best

저는 그 말씀에 동의할 수가 없군요.

Best 모두 관점이 다를 수 있다고 봅니다. 만약 제가 잘못 말했다면 미안합니다.

Good 좋은 뜻으로 말한 거였어요. 다른 뜻으로 받아들이지 말아 주세요.

전문가적 견지에서 최대한 예의를 갖춰 말했다고 생각합니다.

제가 선택한 표현보다 더 나은 표현도 있겠지요. 하지만 제 말뜻은 제대로 이해하셨잖아요?

단어 하나 말 한 마디가 아니라, 행간을 읽어주셨으면 해요.

전 단지 제 의견을 말했을 뿐이에요.

저는 단지, 음…….

그렇게 기분 상해 하실 줄은 미처 몰랐습니다.

상황을 설명하려는 거지, 누군가를 설득하려는 것이 아닙니다.

단지 조사한 내용을 보고드렸을 뿐이에요.

당신 의견만큼이나 제 의견도 타당하다고 생각합니다만.

지나가면서 한 말이었어요.

전 있는 그대로 말했을 뿐입니다. 사탕발림할 수도 있겠지만, 굳이 그럴 필요가 없을 듯해서요.

너무 심각하게 받아들이시는 것 아니에요?

흥분하지 마세요.

Good 너무 예민하게 반응할 필요 없어요.

트집 잡고 늘어진다고 해서 바뀔 건 아무것도 없어요.

제 표현이 정확하지 않을 순 있겠죠. 그래도 말이 된다고 생각합니다.

다른 식으로 말할 수도 있겠지만, 제가 왜 그래야 하죠? 무슨 말인지 이해하셨잖아요.

제 말을 이해하셨다면, 이렇게 사소한 걸로 트집 잡으시지는 않을 텐데요.

온종일 제 말에 대해 해명하고 변호하느라 바빴어요. 이제 만족하세요?

제 생각을 얘기했을 뿐이에요. 뭐가 문제죠?

서로 다르게 생각할 수도 있다는 걸 왜 못 받아들이나요?

서로 다르게 생각할 수도 있다는 걸 인정하는 게 그렇게 어려워요?

너무 작은 부분들에 집착하는 것 같은데, 그만 하시죠.

단지 제 생각을 얘기한 것뿐인데, 그게 문제였다면 어쩔 수 없군요.

○○ 씨하고 얘기하려면 안내서 같은 게 필요하겠어. 이렇게 대화하기가 어려워서야.

제 의도를 파악하지 못할 정도로 머리가 나쁜 분이셨던가요?

무례한 표현 어휴, 제가 말실수를 했나 보군요. 죽을죄를 지었나이다.

상대의 거짓말을 알아챘을 때

👍 Good · 👍 Best

우회적인 표현	

[농담조로] 지금 농담하는 거죠?

[농담조로] 왜 뜨끔하나요?

사회생활 하는 데 최상의 전략이 뭔지 아나? 바로 정직이야.

정직한 게 최고예요, 그렇죠?

Good 방금 한 말, 믿어도 되는 건가요?

전 솔직한 사람을 가장 좋아해요.

Best 힘든 거 알지만, 정직하게 말해줘요.

Good 상황을 더 악화시키는군요.

사실대로 말하면 마음이 편해질 걸세.

난 자네가 잘못된 길로 가지 않기를 바랄 뿐이야.

우리 둘 다 (그것이) 사실이 아니란 거 알잖아요.

진실을 이야기하는 게 어떨까요?

뭔가 앞뒤가 맞지 않군요.

뭔가 구린데?

입술이 실룩거리는 걸 보니 거짓말인 것 같은데?

그거 알아요? 당신은 거짓말하면 얼굴에 그대로 드러나는 타입이에요.

Good 거짓말해서 득 될 거 하나도 없어요.

상황을 더 어렵게 만들고 있군요.

난 거짓말을 정말 싫어해. 그리고 거짓말쟁이도.

> 상대로 하여금 말을 많이 하도록 유도하라. 분명 앞뒤가 맞지 않는 이야기가 나올 것이다!

내 눈을 보고 다시 말해보게.

가끔은 정직해지는 게 어때?

모욕 60p / 협박 67p / 욕설 85p / 폭력 88p

누군가 싸움을 걸어올 때

👍 Good · 👍 Best

제 말 중 잘못된 부분이 있었다면 사과드립니다. 상황이 더 격해지기 전에 여기서 그만 하죠.

Best 방금 한 말에 문제가 있었다면, 취소할게요.

Good 분명히 말하지만, 공격하려는 의도는 아니었어요.

이런 일로 우리 둘 사이에 금이 가는 건 바라지 않아요.

Good 조금 더 사이좋게 지냈으면 합니다.

따지거나 싸우려는 게 아니란 거 잘 알아요.

우리 프로답게 이야기합시다.

Good 어떤 관계든 상호 존중이 기본이란 거 알죠?

Good 진짜 프로라면 사적인 감정은 배제해야 하지 않을까요?

아직 상황을 되돌릴 수 있어요. 현명하게 생각하세요.

이성적인 분이잖아요, 이러지 마세요.

전문가답게 행동하시죠.

목소리 좀 낮춰주실래요?

다른 사람도 좀 생각해주시죠.

그만. 난 자네랑 싸우기 싫어.

나까지 당신 수준으로 내려가고 싶지 않군요.

계속 이런 식이면 이번 일에서 자네를 배제할 수밖에 없어.

어른이면 어른다운 모습을 보여주세요. 그러지 못할 거면 여기서 그만 하죠.

계속 이런 식이면 다른 회사를 찾아야 할 거요.

이런 식으로 나오면 나도 참고 있을 수만은 없어요.

[공격적인 표현] 자기 무덤을 파는구먼.

주도권 100p / 첨언 102p / 발언 요청 177p

발언을 방해받았을 때

👍 Good · 👍 Best

[정중한 표현] 한 가지만 더 말씀드려도 될까요? 부탁드립니다.

👍 Good 대단히 죄송합니다만, 마지막으로 더 해야 할 말이 있어요.

👍 Good 이 이야기만 끝내게 해주시면 말할 기회를 드리겠습니다.

(지금 하고 있는 얘기를) 계속할 수 있게 해주시겠어요?

계속 얘기해도 될까요?

👍 Best 아직 제 얘기 안 끝났어요.

제 의견을 마저 들어주시겠습니까?

제 주장을 끝마칠 수 있게 해주시겠어요?

괜찮다면, 한 마디만 더 덧붙이겠습니다.

괜찮다면 말하던 걸 마무리하고 싶은데요.

당신은 내 말을 들을 생각이 없는 것 같아요.

말씀하시는 건 좋아요, 다만 제가 먼저 발언을 마무리하게 해주시겠어요?

말할 기회를 드릴게요. 지금은 30초만 제 얘기에 귀 기울여 주세요.

제 얘기에 조금만 더 귀 기울여주세요. 그럼 답이 나올 겁니다.

제 이야긴 당신에게 중요하지 않죠?

내 말에 관심은 있어요?

제 의견이 듣고 싶으시다면서요. 그럼 얘기할 수 있게 해주세요.

왜 계속 말을 방해하세요? 제가 말하는 게 무서우세요?

사람이 들을 줄도 알아야지.

자네 차례 되면 말하게 해줄게.

내 말 마치기 전에는 말하지 마.

말 좀 합시다!

조용히 하고, 내 말 들어.

입 닥쳐!

비아냥 또는 놀림을 들었을 때

👍 Good · 👍 Best

[농담조로] 저로 인해 여러분이 웃을 수 있어 기쁘군요. [잠시후] 그럼 이야기를 계속해도 될까요?

이봐, 부러우면 부럽다고 말해.

농담이죠? 그런 농담이라면 한두 가지 더 가르쳐드릴 수도 있어요.

뭐가 그렇게 우스워요?

👍 Good 본인은 농담으로 말했을지 몰라도, 다른 사람에겐 상처가 될 수도 있단 거 알아요?

재밌으라고 말했는데, (다른 사람들이 난처해하는 거 보니까) 본인도 당황스럽죠?

다른 사람 비웃는 게 재밌어요?

할 말 있으면 정정당당하게 해. 비아냥거리는 건 치사한 짓이야.

말도 안 되는 말이라 뭐라 대꾸할 수가 없네.

👍 Good 그런 난센스를 할 곳이 아니야.

방금 그거 유머라고 한 말이에요?

대체 왜 그렇게 말하는 거예요?

기분이 별로네요. 나한테 왜 그래요?

본인은 완벽한 줄 아는 모양이죠?

이봐요, 뭐가 그렇게 우스워요?

남을 비웃으면 기분이 좀 좋아져요?

자네 태도가 마음에 안 드는군.

또 놀리는 겁니까?

능력 있네요, 사람 기분 나빠지게 하는 능력.

그런 식으로 말해봤자 우스워지는 사람은 내가 아니라 자네야.

[웃으며] 참 독창적이군요.

[웃으며] 똑똑하지 못해 죄송합니다.

| Good | [웃으며] 즐겁게 해드려서 저도 즐겁습니다. |

[웃으며] 듣도 보도 못한 유머인데요.

생각이 있는 건지 없는 건지 의심스럽군.

 하여간 남 놀려먹는 데만 선수구먼.

비판을 받았을 때

👍 Good · 👍 Best

쉽지 않으셨을 텐데, 솔직하게 말씀해주셔서 감사합니다.

Best 덕분에 많은 생각을 하게 되는군요. 말해줘서 고마워요.

Good 피드백 감사드리고, 명심하겠습니다.

Good 많은 것을 생각하게 해줘서 고마워요.

Good 미처 생각하지 못한 부분을 알려줘서 고맙습니다.

일부러 시간 내서 이런 말씀 들려주시다니 고맙습니다.

말씀하신 부분들은 반드시 고려하겠습니다.

다양한 의견을 듣는 걸 좋아합니다.

Best 견해 차이가 있는 것 같군요. 함께 논의해볼까요?

건설적인 비판은 좋은데, 이건 좀 심한 거 같아요.

Good ○○ 씨 의견은 보통 옳은데, 이번엔 그렇지 않은 것 같군요.

적어도 이번 건과 관련해서는, 잘못 지적하셨다고 생각해요.

[역지사지로 / 입장 바꿔] 생각해주세요.

지금 여기서 할 만한 얘기가 아닌 것 같군요.

누구에게나 결점이란 게 있어요.

남을 손가락질하면 본인은 두 배로 손가락질을 받게 될 거요.

항상 모두를 만족하게 할 수는 없어요.

너무 과장한다고 생각하지 않아요?

본인 생각과 다르면 늘 비판하나요?

대단한 독설가시네요.

그런 식으로 말하면 누가 좋아하겠나?

함부로 남을 비난하지 마십시오.

글쎄요, 그런 판단은 받아들이기 어렵군요.

그런 얘기라면 답하지 않겠어요.

다른 사람의 생각은 전혀 인정하지 않나요?

객관적으로 모두 나를 틀렸다고 한다면, 그때 알려주세요.

내가 맘에 안 든다면, 나가게. 굳이 여기 있을 필요 없어.

제게서 완벽함을 기대하지 마세요.

당신이 그런 말 할 자격이나 있어요?

뭐 묻은 개가 뭐 묻은 개를 나무라는 격 아닌가요?

본인 스스로 평소에 잘했어야 수긍을 하지.

다른 게 아니라, 바로 당신이 문제란 말이요…….

그래, 니가 세상에서 제일 잘났다. 계속해서 떠들어봐.

당신에게 존중받기 위해 당신처럼 되어야 한다면, 안 할래.

상대가 방어적 반응을 보일 때

👍 Good · 👍 Best

회유하는 표현	기분 나빴다면 사과할게요. 화나게 하려는 건 아니었어요.
Best	감정이 상하셨다면 죄송합니다. 의도한 건 아니었습니다.
Good	공격할 의도는 아니었어요. 가볍게 생각해주세요.
	너무 심각하게 생각하지 말아 주세요.
	다 자네 잘되라고 한 얘기야. 내가 자네를 얼마나 아끼는지 잘 알잖아.
Good	저 때문에 기분이 상하신 것 같군요.
	왜 그렇게 방어적이세요?
Good	왜 그렇게 어렵게 생각하세요? 그 정도로 나쁘진 않아요.
Good	조언을 주고받는 것도 인간관계의 일부분이에요.
	[기분이 좀 좋아지면 / 진정이 되면] 그때 다시 이야기합시다.
	뭔가 부족한 것이 있다면 알려주세요. 제가 다시 한 번 확인해서 말씀드릴 수도 있어요.
	왜 이런 반응을 보이는지 이해할 수 없군요.
	별일 아니에요. 그렇게 방어적일 필요 없어요.
	왜 그렇게 받아들이세요?
	저한테 다른 의도가 있다고 생각하는 거죠?
	너무 민감한 거 아닌가요?
	모두가 본인 말에 찬성하길 바라나 보군요.
	반박이나 조언을 듣는 걸 못 참는 성격 같군요.
	왜 그렇게 신경질적으로 반응해요?

왜 그렇게 날이 서 있어요?

왜 나를 피하죠?

별일 아니에요. 확대 해석하는 겁니다.

마음을 좀 더 편하게 먹고 자신감을 가지면, 그리 걱정할 일이 아니에요.

비난하는 게 아니에요. 일반적인 언급에 불과하니까 너무 기분 나쁘게 생각하지 마세요.

때로 진실은 아픈 법이에요.

계속 이런 식으로 나오면 자네와 대화 못해.

가끔 말이 안 통하는 거 알아요?

만약 이것과 관련해 도움이 필요하다면 많은 얘기를 해줄 수 있을 텐데.

신뢰 107p / 보안 요청 222p

상대가 당신을 의심할 때

👍 Good · 👍 Best

저는 100퍼센트 믿으셔도 됩니다.

저는 믿을 수 있는 사람이잖아요. 안 그런가요?

저는 의심할 데가 없는 사람이에요.

Best 이런 상황에 처하기는 처음이군요.

Good 저를 의심하시는 건 아니죠?

Good 제가 믿을 만한 사람이란 거 아시잖아요?

제가 어떤 모습을 보여 드리길 바라세요?

혹시 예전에 제가 했던 실수가 아직도 영향을 미치고 있다면 유감입니다.

저에 대해 미심쩍게 생각하시지 않았으면 해요.

저를 미심쩍어 하시는 것 같아 기분이 착잡해요.

지금은 애매해 보여도 곧 저에 대해 확신하실 수 있을 겁니다.

저란 사람에 대해 제대로 아실 날이 올 겁니다.

저 또한 편하지만은 않군요.

제 계획은 확실해요. 뭐가 문제인지 모르겠군요.

남을 의심하기 전에 자신부터 돌아보는 게 어때요?

혹시 본인에게 뭔가 문제가 있는 건 아니에요?

주의 환기 192p / 분위기 환기 198p / 요점 파악 221p

누군가 주제에서 벗어났을 때

👍 Good · 👍 Best

좋은 말씀이지만, 그와 관련해서는 잠시 후에 이야기하죠.

Best
아직 이야기가 마무리되지 않았어요. 하던 얘기로 돌아가죠.

Good
원래 주제로 돌아갑시다.

Good
주제에서 약간 벗어난 이야기 같군요.

Good
새로운 주제는 조금 있다 이야기하고, 일단은 현 주제에 집중합시다.

제 생각에는 아직 이야기가 덜 끝난 것 같은데, 그렇죠?

결론이 나지 않으면 지금까지 논의는 도루묵이 돼요.

주제와 너무 동떨어진 이야기인 것 같네요.

그런 이야기는 논의를 혼란스럽게 만들 뿐이에요.

오늘 주제와 관련이 있는 이야기인가요?

 아직 이 주제에 대한 결론도 내리지 못했잖아요. 안 그래요?

주제와 관련 없는 이야기는 나중에 합시다.

논의의 초점을 흐리지 말게.

자, 주제를 바꾸지 말아 주세요.

회의는 혼자 하는 게 아니에요. 그 이야기는 나중에 하죠.

이야기가 어째 제자리에서 빙빙 도는 것 같은데.

벽하고 이야기하는 것 같구먼.

 아직 얘기 안 끝났거든요!

질문 18p / 방어적 반응 78p / 회피 104p

상대가 질문을 피할 때

👍 Good · 👍 Best

 그래서 답을 주시자면……?

 집중하기 어려우신 것 같은데, 다른 방식으로 다시 말씀드리죠.

 좋아, 다른 방식으로 얘기해보죠.

 동문서답 하지 마시고요.

 문제의 핵심에 대해 얘기해보죠.

최선을 다해 대답해주세요.

질문에 명확하게 답해주시면 감사하겠군요. 그건 ~[라는 / 하다는] 뜻인가요?

좀 더 구체적으로 답해주시겠어요?

Good 좋아, 다시 말하죠.

Best 더는 얼버무리지 마세요.

제 질문에 아직 답하지 않았어요.

(질문을) 반복해 드려요?

(질문을) 못 들었나요?

대답 안 할 건가요?

다시 여쭤볼게요. / 다시 묻죠.

답을 모르시나요?

질문을 피하고 계시잖아요, 아닌가요?

질문을 피하지 마세요.

얼마나 더 물어봐야 하죠?

제가 지금 불가능한 대답을 바라는 건가요?

잘도 피해 가네요!

Good [농담조로] 올림픽 종목에 '피하기'가 있다면 금메달감이겠어요.

미꾸라지처럼 잘도 빠져나가는군요!

[무례한 표현] 지금 당장 답해주세요.

상대가 언성을 높일 때

👍 Good · 👍 Best

화유하는 표현	목소리를 낮추시면 좀 더 쉽게 대화할 수 있을 것 같습니다.

Good 진정하시고요, 잠시 흥분을 가라앉히시죠.

Good 언성을 높일 이유가 없습니다.

목소리 높일 필요 없어요.

언성 높이는 사람과는 대화하기 어렵습니다.

차분히 일단 설명부터 들어보세요.

조금만 더 부드럽게 말씀해주시겠어요?

목소리를 좀 낮춰주시겠어요?

제가 뭘 어쨌길래 그런 식으로 말씀하시는 거죠?

진정하고, 좀 더 프로답게 얘기합시다.

서로 존중하는 분위기에서 얘기하는 게 좋지 않겠습니까?

Best 조금 더 정중하게 말씀해주시죠.

화가 나신 것 같군요

어디 가서 마음 좀 가라앉히고 오시는 게 좋겠네요.

잠깐 휴식하고 오는 게 낫지 않겠어요?

Good 왜 언성을 높이세요?

언성을 높이다니, 지나치군요.

이런 식으로 하면 당신에게도 이로울 거 없어요.

잠시 심호흡 좀 하시고요.

왜 그렇게 적대적이에요?

왜 그렇게 목소리를 높이는 건데요?

부드럽게 얘기하세요, 그래야 이해하죠.

도가 지나치군요.

진심으로 얘기하는데, 좀 진정하세요.

예의를 좀 차리시죠.

지금 당신 목소리 올라간 거 알아요?

큰소리로 떠든다고 더 똑똑하거나 설득력 있어 보이는 건 아니에요.

이렇게 해서 얻는 게 뭔가요?

이제 다 했어요?

그렇게 마음속에 쌓인 게 많은 줄은 몰랐군, 그래.

말 한번 잘하는군!

계속 큰소리로 떠들어봐, 누가 들어줄 사람 있나.

그렇게 이야기하는 건 받아들여 줄 수 없어.

충분히 들었어요. 잘 가세요!

귀 안 먹었거든요!

욕설을 들었을 때

👍 Good · 👍 Best

| 우회적인 표현 | 이런, 아름다운 말을 씁시다. |

어이구, 내 신성한 귀가…….

Good 이것보다는 수준 있는 사람인 줄 알았는데.

알 만한 분이 좀 더 품위에 맞게 말씀하시면 좋을 텐데요.

다른 식으로 말씀하실 수 있을 텐데요.

그런 행동은 당신에게 어울리지 않아요.

Good 그런 말씀을 하시다니, 좋아 보이진 않네요.

Good 방금 말은 못 들은 것으로 하겠습니다.

당신에게 실망했습니다.

그런 말을 듣고 대화를 계속하자니 마음이 편하지 않군요.

Best 좀 진정하세요. 잠시 마음을 좀 가라앉히고 다시 만나죠.

통제력을 잃어버리면 될 일도 안 되는 법이에요.

그렇게까지 말할 필요가 있었을까요?

그런 식으로 말하면 기분이 좋아요?

어른스럽게 행동하시죠.

상당히 공격적이시군요.

말씀이 지나치십니다.

좀 점잖게 말씀하시죠.

말씀을 좀 가려 하시죠. 아니면 전 일어서겠습니다.

말하는 걸 보면 그 사람 인성이 보인다고 했어요! 당신도 알 만하군요.

어쩌면 이렇게 무례할 수 있는지 이해가 안 되네요.

그렇게 화만 내고 다니니 얼마나 피곤하겠어요.

왜 그렇게 공격적인가요?

욕하지 않고는 말이 안 나와요?

생각이나 하고 말하는 거요?

그런 식으로 말해 얻는 게 뭐요?

그런 식으로 말하면 아마 누구하고도 얘기가 안 통할 거요.

어휘력 한 번 풍부하시구려!

어휴, 지성미가 넘쳐서 못 당하겠네 .

그만 못해!

갈등 56p / 거들먹거리는 사람 66p / 경고 95p

상대가 무례하게 굴 때

👍 Good · 👍 Best

무슨 걱정이라도 있으세요? 평소와 다르시네요. 제가 도와드릴 거라도 있을까요?

[웃으며] 격의 없이 대해주시는 건 좋지만, 조금 당황스럽네요.

자네는 젠틀한 모습이 더 어울려.

듣기에 좋지는 않군요.

👍 Best
약간 과하게 말씀하신 거, 맞죠?

여기서 논쟁을 벌이고 싶지는 않습니다만.

말 좀 가려서 해주세요.

자네가 이런 식으로 굴 만한 장소가 아닌 것 같군.

내가 자네한테 이렇게 굴 만한 빌미를 줬나?

이렇게 무례하게 굴 필요가 있어요?

이런 식으로 굴면 대화가 진전될 수 없어요.

난 자네를 존중했네. 대체 문제가 뭔가?

해도 되는 말이 있고 안 되는 말이 있는 거요.

이런 대접이나 받다니 참을 수가 없어요.

목소리 좀 낮추세요.

무슨 뚱딴지같은 이야기예요?

더 들을 필요도 없겠어요.

다시는 듣고 싶지 않군요.

이건 도가 지나치잖아. 이런 식으로 할 텐가?

힘들면 들어가서 낮잠이나 자.

그만 하시죠.

[비꼬며] 대단한 친화력이로군요.

누군가 폭력을 행사할 때

👍 Good · 👍 Best

| 정중한 표현 | 폭력으로는 아무것도 해결되지 않아요. |

그래도 저를 존중해주시는 줄 알았습니다.

Good 진정해요, 이런 행동은 피차간에 득 될 게 없어요.

Good 왜 이러는지 이해가 안 되는군요.

제발 자중해주세요.

Best 방금 자네가 한 행동은 용인될 수 있는 선을 넘은 거야.

잘못된 행동이라는 거 알 만한 사람이 왜 이래.

자, 진정하세요.

당장 그만두지 않으면 해고될 줄 알게.

(정말 실망이야.) 다시는 이러지 말게.

자네가 한 행동 때문에 감옥에 갈 수도 있어.

당장 그만둬!

또다시 이런 식으로 행동하면 그땐 참지 않을 겁니다.

정신 차려요.

제정신이에요? 병원에 가서 상담 좀 받아보는 게 어때요?

당신, 진작에 내가 손 좀 봐줬어야 하는데.

힘 좀 쓰고 나니 개운한가, 그래?

모든 사람에게 이런 식으로 하나 보죠?

다시 맞닥뜨리면 가만두지 않겠어!

어디 털끝 하나라도 건드려봐. 바로 경찰을 부를 테니.

당신, 인생을 통틀어서 최악의 실수를 한 거야.

어디 한 번 해보시지. 최고로 후회하게 만들어줄 테니.

경찰을 부르겠어.

넌 이제 끝이야.

 나도 싸움이라면 지지 않는다는 거 모르나?

바주카포 스타일의 상사
또는 부하직원을 대하는 방법

작은 일에도 감정을 폭발시키는 바주카포형 인간은 분노를 통해 자신의 존재감과 입지를 강화했다고 느낀다. 무조건 참는다고 능사는 아니다. 공격받는 즉시 분노, 슬픔, 실망, 수치심 등을 표현하여 상대의 감정선을 제압하라.

둘 다 되지 못할 바에야, 사랑받기보다는 두려운 존재가 되는 것이 낫다.
— 마키아벨리(Machiavelli)

4

영향력을 발휘해야 할 때

흔히 '마키아벨리'라고 하면 자신의 이익을 위해 타인을 이용하는 사람을 떠올리곤 한다. 즉 많은 경우 '마키아벨리적 인간'은 약간 눈총은 받더라도 똑똑하고 전략적인 사람을 이르는 말이며, 마키아벨리적 리더는 종종 영악하게 사교적인 수완을 발휘하는 인물로 여겨진다. 물론 모든 위대한 리더가 마키아벨리적 리더인 것은 아니다. 그러나 이러한 리더들의 방법을 알고, 적시에 영향력을 발휘할 수 있도록 사용한다면 좋은 효과를 얻을 수 있을 것이다. (단, 이런 방법을 자주 사용하면 주위에 당신을 좋아하는 사람이 남아나지 않을 테니 주의할 것!)

첫 번째 기술, 겁주기

다른 사람들이 어느 정도의 두려움, 불안감, 미심쩍음을 가지고 당신을 대한다면, 당신은 이미 우위를 점한 것이다. 리더로서 당신은 생각보다 훨씬 더 중요한 존재라는 것을 항시 보여줘야 한다.

두 번째 기술, 방어막 만들기

절대 뚫리지 않을 방어막을 두르고, 다른 사람들이 감히 얼씬도 하지 못하게 한다. 비록 타인의 기분을 상하게 할 수도 있겠지만, 원하는 대로 일을 시행하는 추진력을 얻으려면 이만한 방법이 없다. 경주에 나선 요트를 떠올려보라. 선체에 덕지덕지 조개딱지들을 붙인 채로 최고의 스피드를 유지할 수 있겠는가? 방어막을 두르기만 하면 다른 사람들의 감정 따위는 고려하지 않은 채로 돌진형 리더가 될 수 있다.

세 번째 기술, 동기 부여하기

프로이트는 '사람은 두 가지 요인에 의해 움직인다'고 했다. 즉 사람들은 즐거움을 얻기 위해 움직이거나, 고통을 피하기 위해 움직인다. 마키아벨리적 리더는 자신의 이익을 위하여 '당근'과 '채찍'을 적절히 사용하는 법을 알고 있다. 적절히 동기 부여된 직원들은 스스로 일을 열심히 할 뿐더러, 성취감을 좇는다. 이런 직원들에게는 시시콜콜 지시할 필요가 없다.

네 번째 기술, 이용하려는 사람들을 멀리하기

당신이 어느 정도 성공을 이룬 사람이라면(어떻게 그 자리까지 올라갔는지와는 상관없이) 주위에 당신을 이용하려는 사람들로 가득 차 있을 것이다. '아는 사람이 추천한 사람이 아니면 사절'이라는 원칙에 따라 아무나 당신에게 접근하지 못하도록 하라. 예를 들어 당신이 신뢰하는 누군가로부터 추천을 받거나 한 사람이 아니라면, 절대 그의 말을 들어주지 마라. 단칼에 거절하라. 아무하고나 말을 섞지 않는 것 자체가 당신을 그만큼 접근불가능한 권위를 가진 사람으로 만들어준다.

거들먹거리는 사람 66p / 비아냥 74p / 웃음거리 99p

누군가를 뒤흔들어 놓고 싶을 때

👍 Good · 👍 Best

은근한 표현 다시 한 번만 설명해주시겠어요?

죄송합니다만, 뭐라고 하신 거죠?

잠깐만요, 좀 적어야겠네요.

Good 성함이 어떻게 되신다고요?

무슨 근거로 그런 말씀을 하시는 거죠?

왜 그렇게 말씀하시는 거죠?

Best 대체 무슨 말을 하려는 건가요?

어떻게 그런 결론을 내리게 된 거죠?

무슨 말이신지 전혀 이해가 안 가는데요.

그렇게 생각하다니 놀라울 따름입니다.

Good 어떻게 그렇게 확신할 수 있죠?

사실 당신도 100퍼센트 확신하는 건 아니죠?

그 말에 모든 것을 걸 수 있나요?

Good 그런 식으로 생각한단 말씀이군요.

뭐 재미있기는 한데…….

노골적인 표현 그러시든지요…….

누군가를 겁주고 싶을 때

👍 Good · 👍 Best

은근한 표현

어떤 식으로 결론이 날지 궁금하군요.

꼭 그렇게 해야만 되겠어요?

최선의 아이디어는 아닐 것 같습니다만.

다시 한 번 생각해보셔야 할 것 같군요.

Good 이런 식으로 계속하는 건 좋지 않을 듯해요.

어떤 일이든 그와 반대되는 의견도 있는 법입니다.

모든 일에는 상응하는 결과가 따른다는 정도는 알고 있죠?

Best 이제부터는 본인 스스로 책임을 져야 합니다.

그러지 말라고 충고하고 싶군요.

후회하게 될 겁니다.

후회할 일 하지 말고, 이쯤에서 그만 하죠.

최악의 상황에 대비하는 것이 좋을 겁니다.

인과응보라는 말 들어 보셨나요?

언젠가는 누군가가 분명 당신에 대해 평가할 날이 오겠죠.

벌 받을 날이 올 겁니다.

응분의 대가를 치르게 될 겁니다.

당신은 이제 끝났어.

노골적인 표현 밤길 조심해라.

누군가에게서 정보를 빼내야 할 때

👍 Good · 👍 Best

은근한 표현 분명히 약속하는데, 비밀은 보장합니다.

무덤까지 가지고 가겠습니다.

우리 사이에 말 못할 것이 뭐가 있어요.

우리 둘만 아는 걸로 합시다.

절대 아무한테도 말하지 않을게요.

Best 다들 당신이 뭔가 알고 있다고 말하던데요.

우리 정도면 뭐든 이야기할 수 있는 사이 아닌가요?

그냥 실마리를 좀 얻고 싶어서 물어보는 거예요.

속 터놓고 이야기하죠.

확실하게 듣고 싶어서 그러는 겁니다.

주변에 사실 관계를 좀 확인해 봐야겠는데요.

뭔가 잘못되는 것 같다 싶으면, 반드시 알려드릴게요.

Good 어떻게든 알게 될 텐데, 그냥 속 시원히 말하는 게 어때요?

직접 말해줄래요? 아니면 내가 꼭 당신 모르게 수를 써야 하나요?

나를 못 믿는 건가요?

이런 것도 말해주지 않으니, 속상하군요.

도대체 뭘 숨기고 있는 거죠?

내가 뭐 특별한 것에 대해 물어보는 것도 아니잖아요?

어떻게든 알아내고 말 테니까, 그냥 말하는 게 어때요?

> 일단 말문이 터지게 하라, 이야기를 유도하되 절대 끼어들거나 상대의 말을 끊지 말라!

협조해주시는 것이 좋을 겁니다.

쓸데없는 소리 집어치우고, 내 질문에나 답해.

모욕 60p / 비난 69p, 148p / 욕설 85p

자신과 관련된 나쁜 소문을 전해 들었을 때

👍 Good · 👍 Best

그건 사실이 아닙니다.

그런 주장에 관해서라면 저도 할 말이 있습니다.

도대체 누가 그런 말을 하는지 나와보라고 하세요.

그런 사실로 나를 비난하다니 상당히 속상하네요.

그런 말을 할 만큼 시간이 남아돌아요? 시간을 좀 건설적인 데 써보죠?

그냥 헛소문일 뿐이에요.

그런 악담을 하는 걸 보니, 누군가 급하긴 급했군요.

정말로 제가 그런 말을 했다고 생각하세요?

제가 왜 그런 짓을 하겠어요?

양심을 걸고 그런 일은 없습니다.

내가 아니라니까요?

나도 양심이 있는 사람이야.

이건 부당한 대접입니다. / 내게 이런 대접은 부당해.

너나 잘하세요.

헛소리하지 마세요.

당신이 뭔가 찔리는 게 있어서 그러는 거 아냐?

그러면 그럴수록, 당신만 힘들걸?

하는 짓을 보니, 너도 뻔하다.

회피 104p / 원치 않는 충고 147p / 사적인 이야기 188p

참견받았을 때

👍 Good · 👍 Best

사공이 많으면 배가 산으로 가는 법이지요.

제가 시작한 제 일입니다. (결자해지하게 해주시죠.)

여기까지 그만, 어쨌든 고맙군요.

일이 어떻게 되든, 모두 제 몫입니다.

고맙습니다만, 제가 할 수 있을 것 같은데요.

이미 끝난 이야기입니다.

딱히 할 일이 없나 보죠?

다른 일을 찾아보는 건 어때요?

제발 숨 좀 쉽시다.

당신 일이나 신경 쓰세요.

자기 일이 아니면 신경 끄는 게 어때요?

다른 일 없어요? 요새 부르는 데가 없나 보죠?

Good 충분히 알아서 하고 있거든요.

누가 신경 써달래요?

좀 꺼져 줄래?

직설적인 표현 입 닥쳐.

거들먹거리는 사람 66p / 비아냥 74p / 뒤흔들기 94p

다른 사람을 웃음거리로 만들고 싶을 때

Good · Best

위트 있는 표현 그만 좀 징징대.

여기 바보 하나 추가요.

애쓴다, 애써.

Good 눈치도 없으셔.

알았다니까요.

정말?

항상 이런 식이세요?

우와, 그건 좀 뭣한데요.

마음은 알겠는데요. 그런 식으로 하시면 안 됩니다.

나도 철없을 적에는 그런 생각 많이 했었지.

당신과 이런 걸 가지고 다투고 싶지도 않네요.

Best 이제 그만 좀 하죠.

오늘은 준비 좀 하셨네요.

전문가가 아니라면 조용히 하시는 게 좋겠습니다.

말이 되는 소리를 듣고 싶은데요.

당신한테 그런 소리 듣자고 부탁한 것은 아닙니다.

내가 뭐라 하지 않아도, 알아서 무덤을 파고 있네요.

말씀은 좋은데요. 이치에 맞는 것이 별로 없는 것 같네요.

당신이 똑바른 소리를 해야, 저도 당신한테 좋은 소리를 하지 않겠어요?

앓느니 죽겠다.

됐거든.

 좀 없어져 줄래?

발언 방해 73p / 의사 표현 165p / 주의 환기 192p

대화의 주도권을 잡고 싶을 때

👍 Good · 👍 Best

 잠시만 말할 기회를 주시겠어요?

제가 드리고 싶은 말씀은 그게 아닙니다.

👍 Good 말 좀 해도 될까요?

죄송한데요, 제 이야기가 아직 안 끝났습니다.

아직 이야기하는 중입니다.

잠깐만 기다리세요.

이제 그만 하시죠.

충분히 말씀하신 것 같은데요.

그 사안에 관한 이야기라면 이제 충분합니다.

그만 하셔도 되겠는데요.

Good 이 사안과 관련해서는 더 논의가 필요 없을 것 같은데요.

도대체 무슨 말씀을 하시는 건지 이해가 안 갑니다.

헛수고하시는 것 같은데요.

그게 말이 된다고 생각하세요?

그렇게 행동하라고 배우셨나요?

이미 할 만큼 다 하지 않았습니까?

마음껏 떠들도록 놔두고 싶지만, 저도 중요한 일이 있거든요?

Best 당신 이야기는 들을 만큼 들었고, 이제 제 이야기 좀 들어보시죠.

결론이 어떻게 났는지 알긴 하는 겁니까?

심한 말은 하기 싫으니까, 그만 조용히 좀 하세요.

됐고, 이제부터는 제가 이야기하겠습니다.

누가 당신 보고 이 일에 신경 써달라고 했나요?

무례한 표현 그만 (말)해요.

> **말을 많이 하는 것과 대화를 주도하는 것은 다르다**
>
> 대화의 주도권은 누가 더 말을 많이 하느냐에 달려 있지 않다. 누가 대화의 흐름을 이끄느냐, 즉 대화의 키를 잡느냐가 중요하다. 일단 상대의 말을 경청하고 주제 또는 분위기를 환기시킴으로써 대화의 향방을 결정지어라!

마지막으로 덧붙이고 싶은 말이 있을 때

👍 Good · 👍 Best

은근한 표현 알겠습니다. 그런데요…

동의합니다만…

당신이 맞을 수도 있습니다. 하지만…

Best 무슨 말씀인지 알겠습니다만…

어쨌든 좋습니다만…

끝내기 전에 한 말씀만 더 드려도 될까요?

한 마디만 더 하고 끝내기로 하죠.

좋아요. 하지만 이것만은 이야기하고 넘어가야겠습니다.

나중에 제가 시간이 될 때 계속합시다.

이 말만 하고, 다음에 다시 이야기하죠.

[누군가 덧붙여 말할 때] 다음에 기회가 되면 다시 생각해보겠습니다.

Good [누군가 덧붙여 말할 때] 아니요. 오늘은 이만 됐습니다.

[누군가 덧붙여 말할 때] 좋아요. 이만 마치시죠?

제 생각에는 이렇게 요약할 수 있을 것 같은데요.

이제 그만 끝낼까요? 더 이상 의견이 없으신 듯한데요.

오늘 이런저런 이야기를 나누었지만, 절대 이게 다는 아닙니다.

[누군가 덧붙여 말할 때] 좋은 말씀 감사합니다.

[누군가 덧붙여 말할 때] 똑같은 말씀을 계속하고 계신 거잖아요?

Good [누군가 덧붙여 말할 때] 저는 이미 마음을 굳혔으니까, 그만 하시는 것이 좋겠습니다.

이게 제가 드리고 싶은 마지막 말씀이구요. 이걸로 끝내겠습니다.

단순화 39p / 의사 결정 연기 203p / 진행 속도 조절 204p

다시 한 번 생각하도록 유도하는 법

👍 Good · 👍 Best

의도는 좋았다는 걸 저도 모르는 바 아닙니다.

자네도 할 수 있는 최선을 다하고 있는 거라 믿네.

👍 Best
지금 말한 부분은 어떻게 해서 알게 된 건가요?

음, 제가 들은 것과는 좀 다르네요.

근본 원인을 다시 생각해봐야 할 것 같아요.

알고 보면 매우 다를 수도 있다고 봐요.

다른 사람들은 그렇게 말하지 않던데요.

어디서 그 정보를 얻었나요?

무슨 생각을 하고 있었는지 궁금하네요.

왜 그렇게 [생각 / 행동 / 이야기]하나요?

그것 때문에 [화난 / 속상한] 건 아니죠?

저라면 정말 참을 수 없었을 거예요.

가끔은 당신을 이해하지 못하겠어요.

본인은 알지 못했다는 건가요?

자기 일에 관해 몰랐다니 부끄럽지 않아요?

> 상대의 의견 또는 정보를 객관적으로 볼 수 있도록 유도하는 것도 방법이다.

보통 당신 생각은 [명확한데 / 맞는데], 오늘은…

솔직히 당신 [태도 / 행동]에 조금 놀랐어요.

저라면 굉장히 [화났을 / 슬펐을 / 다쳤을] 것 같아요.

어느 누구도 그렇게 생각하지 않아요.

어떻게 참을 수가 있죠?

이건 내가 자네한테 기대했던 게 아니야.

왜 그런 식으로 대처했는지 도무지 이해할 수 없군요.

저로서도 어쩔 수가 없었습니다.

자네 스스로도 뭐가 최선이었는지 알고 있을 것으로 생각하네.

대화를 피할 때

👍 Good · 👍 Best

일단 이 주제는 제쳐놓고, 더 긴급한 다른 문제로 넘어갑시다.

이 문제는 다음에 다시 이야기하도록 하죠.

이 이야기는 다음으로 미룰까요?

이 주제는 나중에 따로 논의해야 한다고 생각합니다.

민감한 주제인데, 이 얘기는 그만 하죠.

논쟁거리가 있는 주제이니, 그만 하는 게 좋을 것 같아요.

제 생각에 이 주제에 대해서는 더 논의할 필요가 없을 듯합니다.

죄송하지만, 지금은 이런 이야기를 하기에 적당한 때가 아닌 것 같아요.

지금 이 문제를 논의할 필요가 없다고 생각되는데요.

필시 논쟁거리가 될 만한 주제로군요.

그 문제에 대해서는 계속 논의하고 싶지 않아요.

제가 이야기할 만한 주제가 아닙니다.

그런 민감한 주제를 다루기에 적당한 자리가 아닌 것 같군요.

그 문제에 대해서 더 논의하는 건 시간 낭비에요.

왜 이 문제를 논의해야 하죠?

중요한 문제라고 생각되지 않네요.

논의를 계속할 만한 가치가 있는 주제인가요?

이 문제는 언급하지 않는 게 가장 현명합니다.

왜 이런 얘기로 다들 시간을 낭비하고 있는 거죠?

민감한 주제라는 걸 모르는 건 아니죠?

일을 크게 벌일 참인가요?

그 문제와 관련해서는 앞으로도 언급하지 않는 게 좋겠습니다.

이 주제로 토론하는 건 좋은 생각이 아닌 것 같군요.

이 문제와 관련해 무슨 말이 오간들, 아무 소용 없는 논의에 불과해요.

미안하지만, 그 이야기는 하고 싶지 않군요.

그 문제라면 더는 이야기할 필요가 없습니다.

이것은 토론할 만한 성격의 주제가 아닙니다.

반갑지 않은 주제로군요.

이 주제에 대해서는 다른 어떤 말도 듣고 싶지 않아요.

그것에 관한 얘기는 듣고 싶지 않아요.

그냥 여기서 그만둡시다. 오케이?

사람을 피할 때

👍 Good · 👍 Best

죄송하지만, 지금 처리해야 할 일들이 좀 많아서요.

Best
저도 이야기 나누고 싶지만, 오늘은 시간이 없어요.

저도 남아있고 싶지만, 할 일이 있어서요.

다른 시간에 다시 약속 잡죠.

이야기 나누고 싶지만, 지금 어디 가던 길이어서요.

원하신다면, 제 비서를 통해 일정 알려주세요.

Good
눈코 뜰 새 없이 바쁘네요. 죄송하지만 이메일을 보내주시거나, 제 비서를 통해 메모 남겨주실 수 있을까요?

저도 그러고 싶지만, 지금 당장 가봐야 할 곳이 있어요.

다음에 논의하죠.

죄송하지만, 지금은 시간이 없습니다.

죄송하지만, 그 이야기는 안 하는 게 좋을 것 같군요.

지금 그런 이야기는 하고 싶지 않네요.

전에도 논의했던 것 같군요. 맞죠?

꼭 지금 말해야 하나요?

그만 해도 되지 않을까요?

이 이야기를 계속하는 건 비생산적인 일이에요.

꼭 그 이야기를 계속하셔야겠다면, 관련 내용을 이메일로 보내주세요.

그 문제와 관련해서는 전혀 이야기할 마음이 없습니다.

그 문제라면 더 생각하고 싶지도 않아요.

대체 뭘 논의해보자는 거죠?

죄송하지만, 전 정말 흥미가 없습니다.

실례지만, 이 대화는 안 하는 게 좋겠습니다.

왜 이런 이야기를 해야 하죠?

앞으로 이런 식의 대화는 없을 겁니다. 이만 일어서죠.

이 이야기가 다시는 내 귀에 들리지 않게 하세요.

이런, 시간이 이렇게 흘렀네요!

그만 가시죠.

의심 79p / 비밀 168p / 보안 요청 222p

신뢰를 얻어야 할 때

Good · Best

(일단 믿어보시면) 절대 실망하시지 않을 겁니다.

물불 가리지 않고, 무조건 일을 성사시키겠습니다.

어떤 상황이든 대처할 모든 준비가 돼 있습니다.

믿어주십시오. 후회하지 않으실 겁니다.

증명해보이겠습니다. 믿어주십시오.

다른 건 몰라도 성실성 하나는 자신 있습니다.

(그 상황에 대해) 자신 있습니다.

저는 약속을 반드시 지킵니다.

제 말을 보증합니다.

저를 믿으세요. 제가 알아서 하겠습니다.

[스스로 / 제 입으로] 말하기 좀 그렇지만, 저는 믿으셔도 됩니다.

제가 당신을 믿는 만큼, 저를 한 번 믿어주세요.

다들 저에 관해 믿을 만한 사람이라고 하더군요.

예전에 다니던 회사에서도 평판이 좋은 편이었습니다.

저는 다년간의 경험을 가지고 있습니다.

성실한 편이라고 자부합니다.

저는 거짓말하는 타입은 아닙니다.

궁금하시다면 저에 관해 더 알아보셔도 괜찮습니다.

남들이 다 포기할 때 포기하지 않는 것도 저의 장점이라면 장점이겠죠.

일이 성사될 때까지 최선을 다하겠습니다.

결과에 관해서라면 걱정 안 하셔도 됩니다.

만약 실패한다면, 제가 책임지죠.

저를 의심하실 이유가 없잖습니까.

제가 거짓말할 이유가 없잖습니까.

LEADER
PHRASE
BOOK

예의는 용기와 마찬가지로 신사의 표식이다.
—시어도어 루스벨트(Theodore Roosevelt)

5

요청 또는 사과를 해야 할 때

리더는 위기상황뿐 아니라 일상생활에서도 능력과 품격을 보여줘야 한다. 그 방법 중 하나는 기본 예의를 지키는 것으로, 특히 요청이나 부탁, 사과를 할 경우 상대의 지위고하를 막론하고 반드시 예의를 차려야 한다. 이는 탁월한 리더들조차도 간과하기 쉬운 부분이므로 항상 유의하자. 리더의 품격을 지키는 데 도움을 줄 몇 가지 팁을 소개한다.

첫째, 당신이 대접받고 싶은 대로 남을 대하라.

직장에서 누군가 터무니없는 명령조로 다른 사람에게 일을 떠넘기는 경우를 본 적이 있을 것이다. 그렇게 해서 어느 한 쪽에라도 도움이 된 적이 있었던가? 전혀 없을 것이다. 공감이나 존중까지는 아니더라도, 조금만 예의를 갖추면 서로에게 이득이 된다. 설사 화가 나는 상황에 처하더라도, 심호흡을 하고 마음을 진정시킨 후 문제에 대해 차분하고 건설적으로, 그리고 예의 바르게 말할 수 있을 때 다시 이야기하라.

둘째, 웃는 얼굴을 유지하라.

미소는 인간이 할 수 있는 가장 단순한 행위 중 하나이다. 그러나 미소가 가진 힘은 놀랍다. 모두 잘 알듯이, 미소는 스트레스를 완화할 수 있는 중요한 수단이다. 또한 여유 있고 편안한 미소는 당신을 다가가기 편한 사람으로 만들어주는 동시에, 부드러운 카리스마로 무장하게끔 해준다. 흔히 생각하는 것과 달리, 정말 훌륭한 리더는 접근하기 어렵거나 퉁명스럽거나 위협적인 행동을 하는 사람이 아니다.

셋째, 차별하지 말라.

예의 바르게 대화하는 사람들을 잘 관찰해보라. 상대방이 어떤 관점, 어떤 태도를 가지고 있든 포용하는 자세를 보인다는 사실을 알 수 있다. 설사 나와 정반대되는 생각을 가진 사람이라도 차별하지 마라! 또한, 성차별이나 장애인차별을 포함한 차별적 언어를 사용하지 않는 것도 중요하다. 예를 들어 여성만을 가리키는 스튜어디스 대신에 '승무원', 정상인이 아니라 '비장애인' 등의 표현을 사용하는 것이다. 언어는 주위 사람들뿐 아니라 당신 자신의 삶에도 영향을 끼친다.

넷째, 보디랭귀지와 목소리 톤을 효과적으로 사용하라.

효과적인 커뮤니케이션을 위해 반드시 배워야 할 것 중 하나는 바로 '신체 언어'이다. 유명한 커뮤니케이션 컨설턴트인 존 보그(John Borg)는 인간의 의사소통 중 말은 7%에 불과하며, 93%가 신체 언어 및 준언어적 신호로 이루어져 있다고 말한다. 이처럼 신체 언어는 한 사람의 심리상태나 태도를 나타내주는 가장 좋은 단서가 된다. 거울 앞에 서서 자신의 몸이 어떻게 움직이는지 보아라. 가장 좋은 방법은 스피치하는 모습을 녹화하고 돌려보는 것이다. (경고! 영상 속 자신의 몸짓을 보고 충격을 받을 수도 있다.) 그런 다음 마음에 걸렸던 제스처를 조절하며 상대방을 똑바로 바라보는 연습을 해라. 좋은 목소리 톤을 유지하고, 감정을 제어하는 것도 중요하다. 이것만으로도 당신의 말이 의도와 다르게 전달되는 것을 상당 부분 막을 수 있다.

다섯째, 험담을 피해라.

복사기나 음료수 자판기 앞에서 동료들과 다른 사람의 험담을 하는 것은 재미있다. 그러나 당사자가 이 험담을 듣게 된다면 큰 곤경에 처할 것이다. 게다가 험담하는 사람들끼리 마치 유대감이 생긴 듯 느껴지지만, 실제로는 오히려 주변사람들을 불편하게 만들 뿐이다. 정말로 예의 바른 사람은 다른 사람에 대한 험담을 하지 않는다. 남의 험담을 하지 않는 것은 장기적으로 신뢰를 얻는 방안이기도 하다.

여섯째, 남의 말을 자르지 마라.

말을 자르는 경향이 있는 사람은 무례하거나, 시비를 걸거나, 이기적인 경향으로 인식될 가능성이 높다. 이 중 어느 것도 리더로서의 위치에 도움이 되지 않을 것이다. 다른 사람들이 요점을 다 말할 때까지 기다렸다가 말하라. 중간에 몇 가지 질문이 생기더라도, 적어놓았다가 발언권이 주어졌을 때 한 번에 이야기하라.

도움을 요청할 때

👍 Good · 👍 Best

격식 있는 표현 도와주신다면 진심으로 감사하겠습니다.

어떠한 도움이라도 감사히 받아들이겠습니다.

호의를 베풀어주신다면 기쁘게 받아들이겠습니다.

귀찮게 할 생각은 전혀 없지만, 도와주시지 않겠습니까?

의무적인 것은 아니지만, 도와주면 정말 고맙겠어요.

Best 혹시 여건이 되신다면, 도와주시지 않겠습니까?

오래 걸리지는 않을 텐데, 도와주시지 않겠습니까?

혹시 지금 시간이 괜찮으면, 좀 도와줄래요?

Good 도와주실 수 있으신지요?

이 일을 해결할 수 있도록 도와주세요.

조금이라도 도와주신다면 감사하겠습니다.

좀 도와주실래요? 오래 걸리지 않을 거예요.

괜찮다면 이것 좀 해줄래요?

인심 좀 써주세요.

좀 도와줘, 괜찮지?

신세 좀 질게.

[농담조로] 나 같으면 그냥 해주겠다.

편안한 표현 [농담조로] 우린 이미 한배를 탄 거야!

도움을 줄 때

👍 Good · 👍 Best

격식 있는 표현	필요로 하실 때 언제든지 도움이 돼 드리겠습니다.

도와드리고 싶은데, 허락해주십시오.

요청만 하시면 즉시 도와드리겠습니다.

Best 도움이 필요하면, 언제든지 알려주십시오.

어떻게 도와드리면 제일 좋을까요?

어떻게 해서든 도와드리고 싶네요.

언제든지 제게 [의지하십시오. / 말씀만 하십시오.]

Good 당신이 제 입장이었더라도 도와주었을 거예요.

제 일처럼 도와드릴게요.

제가 도울 만한 일이 있을까요?

내가 해줄 수 있는 게 있으면 얘기해요.

이 정도도 돕지 않으면, 동료라 할 수 있겠어요?

도움이 필요해 보이는데, 내가 좀 도와줄까?

[농담조로] 내가 도와줄게. 근데, 공짜는 아니야.

[농담조로] 내가 이 정도도 못 해주면, 잠이 오겠냐?

편안한 표현 | 필요한 게 있으면 말만 해. 알았지?

> 도움을 줄 때 사용하는 멘트는 신뢰를 얻어야 할 때(107p)도 유용하게 쓸 수 있다.

도움을 요청받았을 때

👍 Good · 👍 Best

수락하는 표현	도움이 될 수 있다면 정말 기쁘겠습니다.
👍 Best	물론이죠, 기꺼이 돕겠습니다.
	요청하시기만 기다리고 있었습니다.
	기쁘게 도울게요.
👍 Good	언제든지 말만 하세요.
	두말하면 잔소리지요.
	당신도 항상 그랬으니 나도 도울게요.
	도와드릴 수 있을 것 같아요.
👍 Good	좋습니다. 하지만 큰 도움이 되지 않을 수도 있어요.
	뭘 도울 수 있는지 볼게요, 하지만 기대에는 못 미칠 수도 있어요.
	좋아요, 대신 다음에 갚으셔야 해요.
	죄송하지만, 이 문제만큼은 도울 수 없을 것 같아요.
👍 Best	도와드리고 싶지만, 지금 당장은 좀 어렵습니다.
	죄송하지만, 저도 발등에 불이 떨어져서요.
	아쉽게도 시간이 없어요.
	거절해야만 할 것 같아요.
	그걸 꼭 제가 해야 하는 건가요?
	내가 왜?
👍 Good	알아서 해결하세요.

상대가 납득할 수 있는 거절을 하라

특히 도움을 부탁받았을 때, 이유를 말하지 않고 단호하게 거절하면 상대를 무안하고 섭섭하게 할 수 있다. 이를 방지하려면 거절할 수밖에 없는 근거, 즉 예상되는 부정적 결과나 자신의 상황, 철학 등을 부연 설명하는 것이 좋다.

자꾸 누가 도와주니까 혼자서는 아무것도 못 하는 거예요.

싫어요.

칭찬 119p / 아부 208p / 동기 부여 209p

감사를 표현할 때

👍 Good · 👍 Best

베풀어주신 모든 것에 진심으로 감사드립니다.

수고에 정말 감사드립니다.

정말 감사합니다.

👍 Best
결코 잊지 못할 겁니다.

정말 어떻게 더 감사해야 할지 모르겠어요.

감사한 마음을 어떻게 다 표현할 수 있을까요?

그 어떤 말로도 이 마음을 다 표현할 수는 없을 거예요.

지금까지 해주신 그 모든 것에 감사합니다.

수많은 노고에 정말 감사드려요.

정말이지 보기 드물게 친절한 분이세요.

당신이 없었으면 정말 큰일 났겠는데요.

진심으로 감사드립니다.

당신이 도와주지 않았다면 많이 당황했을 거예요.

도와주셔서 정말 감사합니다.

정말 친절하세요.

인생에 큰 빛을 졌습니다.

 자네는 우리 팀의 보물이야, 고마워.

역시 믿음직해!

칭찬 120p

감사의 말을 들었을 때

👍 Good · 👍 Best

천만에요. 당연히 해야 할 일을 했을 뿐입니다.

도울 수 있어서 제가 오히려 기쁩니다.

별로 해드린 것도 없는걸요.

도움이 되었다니 정말 기쁩니다.

(그 정도 일이라면) 지금이라도 당장 다시 할 수 있어요.

만족해하시니, 저도 좋네요.

저도 기쁜 마음으로 도운 거예요.

좋아서 한 일인걸요.

문제없어요.

도울 수 있어 기뻐요.

당연한 걸 갖고 뭘요.

[손사래를 치며] 무슨 그런 말을!

 별거 아니에요.

 다음에 갚아요!

칭찬하는 법

👍 Good · 👍 Best

 진심으로 존경합니다.

당신에게 경의를 표합니다.

당신을 정말 높이 평가하고 있어요.

👍 Best 당신 같이 좋은 사람은 별로 없을 거예요.

당신은 저의 롤모델입니다.

어떤 일이든 완벽을 추구하시는군요.

정말 인상 깊었어요.

👍 Good 당신은 정말 실력자예요!

당신 같은 사람은 앞으로도 없을 거예요.

정말 대단하세요.

👍 Good 당신이야말로 진정한 챔피언이네요.

당신은 정말 성공하기 위해 태어난 사람 같아요.

당신이 최고예요.

당신은 내 영웅이에요.

   역시 자네뿐이야!

감사 118p

 칭찬을 받았을 때

👍 Good · 👍 Best

   그렇게 말해주시다니, 정말 감사합니다.

고마워요, 그렇게 말씀해주셔서 정말 기뻐요.

칭찬해주셔서 감사합니다.

 진심이시죠? 정말 감사합니다.

[웃으며] 계속하시면 제가 너무 거만해질 것 같아요.

 저 아니어도 누구나 그 정도는 했을 거예요.

정말 감사합니다.

비행기 그만 태우세요.

아, 부끄러워요.

 아시겠지만, 저만 잘해서 된 건 아니에요.

많은 도움을 받아서 할 수 있는 일이었어요.

저희 팀이 다 같이 한 일이지요.

제가 그 일을 다 한 건 아니지만, 감사합니다.

저 혼자서는 그 일을 다 못했을 거예요!

누가 알아주지 않았더라도 똑같이 했을 거예요.

누구나 할 수 있는 일을 했을 뿐입니다.

 **Good** 별거 아닌걸요.

 [부끄러워하며] 아니에요!

초대를 받았을 때

👍 Good · 👍 Best

 저까지 신경 써 주셔서 감사합니다.

👍 **Good** 참석하게 되어 영광입니다.

정말 가고 싶어요.

꼭 가겠습니다.

초대해주셔서 정말 감사합니다.

👍 **Best** 기꺼이 가겠습니다.

그럼요! 가겠습니다.

두말하면 잔소리죠.

[겸손하게 웃으며] 달리 갈 데도 없는 걸요. 참석하겠습니다.

이미 일정에 반영해 놓았답니다.

가야지요. 그런데 [어떤 분들이 오세요? / 어떤 모임인가요?]

가야지요. 죄송하지만 상세한 내용을 이메일로 좀 보내 주시겠어요?

어떤 행사인지 조금만 더 상세히 알려주시겠어요?

Good 정말 가고 싶긴 한데, 일정을 한 번 확인해봐야 할 것 같아요.

이런, 그 날 약속이 있는 거 같은데요. 확인해보고 말씀드릴게요.

일정이 너무 많아서요, 참석 여부를 내일 알려드려도 될까요?

요즘 너무 바빠서 갈 수 있을지 모르겠어요.

그 날밖에 안 되나요? 다른 날이면 좋을 텐데…….

아마 안될 것 같아요, 다음에 초대해주시면 감사하겠습니다.

아쉽게도 짬을 내기가 어렵군요.

아쉽지만 선약이 있어요.

실은 요즘 제가 사정이 좋지 않아서요.

저도 가고 싶지만, 다른 볼 일이 있어서요.

참석하지 못해 정말 아쉽지만, 제가 없어도 즐거운 자리가 될 거예요.

Good 그날 일정이 꽉 차있네요. 미안해요.

요즘 일 때문에 여유가 별로 없어요.

말실수를 했을 때

👍 Good · 👍 Best

변명의 여지가 없습니다. 용서해주십시오.

제가 가끔 말실수하는 경향이 있습니다. 진심으로 사과드립니다.

제 말이 좀 심했습니다. 죄송합니다.

제 말이 좀 거칠었습니다. 용서하십시오.

제 말이 경솔했습니다. 사과드립니다.

제가 생각해도 제 말이 심했습니다. 기분 푸십시오.

할 수 있다면 제 말을 전부 취소하고 싶습니다. 정말 죄송해요.

너무 생각 없이 말했네요. 만회할 기회를 주십시오.

제가 정말 바보 같은 말을 했습니다.

제가 실언했습니다. 인정합니다.

👍 **Best** 제 말이 지나쳤습니다.

만회할 기회를 주십시오.

제 말을 정정하고 싶습니다.

제 말을 번복해도 되겠습니까?

제가 그런 말을 했다고요? 믿어지지 않는군요.

아시다시피 그런 의도는 아니었어요.

다시 말할게요.

기분 나빴다면 미안해요.

변명의 여지가 없네요.

그렇게 받아들일지 몰랐어요. 미안해요

오늘 제 일진이 별로 좋지 않네요.

말실수했네요.

제가 정신이 어떻게 됐었나 봐요.

못 들은 걸로 해줘요.

제 말이 틀렸다면 사과드리죠.

어쨌든 내가 말한 것 때문에 기분 나빴다면 미안해.

👍 Good 내 말이 틀렸을 수도 있겠군.

응? 내가 그렇게 말했나?

당신 때문에 당황스러워서 그렇게 말한 거예요.

👍 Good 나도 사람인데, 실수할 수도 있지.

당신은 실언한 적 없어요?

 예민하게 굴지 마.

갈등 해소 59p / 말실수 123p / 사과 128p

실수 후 사과하는 법

👍 Good · 👍 Best

 변명의 여지가 없습니다. 죄송합니다.

말도 안 되는 일을 했습니다. 죄송합니다.

일을 다 망쳐버렸습니다. 용서해주십시오.

해서는 안 되는 일을 했습니다. 제가 [해결할 수 있게 해주세요. / 결자해지 하겠습니다.]

다신 이런 일 없도록 하겠습니다. 정말 죄송합니다.

어떻게 사과드려야 할지 모르겠네요.

제 부주의한 행동을 용서해주시기 바랍니다.

Good 뭐라 드릴 말씀이 없습니다.

그런 의도는 아니었습니다.

마음 상하게 하려던 건 아니었습니다.

앞으론 이런 일이 없도록 하겠습니다.

잘못된 행동인지 몰랐다 하더라도, 제 잘못입니다.

Good 제 생각이 짧았네요.

다시는 이런 일 없도록 주의하겠습니다.

그렇게 해서는 안 됐었는데…….

Best 기분 상하게 했다면 미안해요.

상처를 줬다면 미안해요.

이봐, 나도 사람이라고.

당신은 실수한 적 없어요?

고의가 아니라고요!

무례한 표현 [빈정대면서] 그래, 내가 잘못했네, 잘못했어.

무언가를 잊었을 때

👍 Good · 👍 Best

정중한 표현 변명의 여지가 없습니다. 고개 숙여 사과드립니다.

이걸 잊어버리다니, 평소엔 이러지 않는데……. 다시는 이런 일 없도록 하겠습니다.

뭐라 말씀드릴 수 없을 정도로 죄송합니다.

할 수만 있다면, 시간을 되돌리고 싶습니다.

👍 Best 제가 부주의했습니다.

원래는 잘 챙기는데, 왜 이랬는지 모르겠네요.

이걸 깜빡 잊다니, 믿어지지가 않네요.

👍 Good 죄송합니다. 무슨 생각으로 사는지 모르겠네요.

미안합니다. 바보같이 행동했네요.

제가 건망증이 좀 심하잖아요.

👍 Good 그냥 잊어버린 것뿐인데, 봐주세요.

건망증은 잘 안 고쳐지더라고요.

가끔 건망증이 더 심해지는 거 같아요.

귀찮게 좀 하지 마요. 그냥 실수일 뿐이잖아요?

무례한 표현 당신은 살면서 한 번도 잊어버린 적 없어요?

약속에 늦었을 때

👍 Good · 👍 Best

정중한 표현 늦어서 죄송합니다. 다시 안 늦도록 하겠습니다.

Best 늦어서 죄송해요. 지금까지 기다려 주셔서 감사합니다.

기다리시게 하다니 정말 죄송합니다. / 기다리게 해서 미안해요.

오래 기다리셨나요? 죄송합니다.

변명하지 않겠습니다. 미리미리 준비해서 출발할게요.

Good 항상 시간은 잘 지켰는데, 무슨 일인지 모르겠네요.

제가 원래는 늦는 편이 아닌데 [차가 막혀서 / 사정이 생겨서] 어쩔 수 없었습니다.

늦었네요. 대신 ~(이)라도 하겠습니다.

[웃으면서] 시계 약을 갈아야 할 때가 됐나 봐요!

[농담조로] 절 다시는 안 만난다 해도 이해할게요.

오래 기다리셨나요?

Good 요즘 너무 바빠서요. 이해해주실 거죠?

핑계 같지만, 요즘 너무 바빠서요.

매사에 이렇게 늦는 거 아시잖아요.

제가 원래 시간 엄수와는 거리가 좀 멀어요.

항상 늦는 것처럼 보이세요?

무례한 표현 늦었네. (그래서 어쩌라고?)

팀이 실수를 했을 때

👍 Good · 👍 Best

정중한 표현 전적으로 제 책임입니다.

Best 제 실수입니다. 앞으로 이런 일이 없도록 잘 살피겠습니다.

실수했다는 거 잘 압니다. 사과드립니다.

이런 일이 생겨 정말 죄송합니다. 저희 팀이 전부 해결하겠습니다.

불편을 드려 죄송합니다. 어떻게 해드릴까요?

저희가 할 수 있는 일이 있다면 다 하겠습니다.

Good 일이 이렇게 돼서 저희도 맘이 안 좋네요. 피해 드린 점 진심으로 사과드립니다.

다신 이런 일이 없을 거라고 약속드립니다.

이 상황을 정확히 파악하고 있고, 최선을 다하고 있습니다.

앞으로는 더욱 조심하도록 하겠습니다.

실수를 만회하기 위해 가능한 모든 것을 다 하고 있습니다.

Good 팀을 대표해서 사과드립니다.

저희 팀이 책임질 겁니다.

실수한 건 부끄러운 일이지만, 이쪽에서 모든 책임을 지겠습니다.

우린 실수한 것 이상으로 잘하고 있습니다.

의도적으로 그런 건 아닙니다.

실수하면서 배우는 거죠, 걱정 마세요.

저희가 완벽과는 좀 거리가 멀어서요.

사과했으면 됐지, 뭘 더 해야 하는지 모르겠네요?

불편하게 해서 미안한데, 뭘 더 바라시는 건가요?

이 정도 실수는 항상 있는 일인데요.

 세상에 완벽한 사람은 없어요.

LEADER
PHRASE
BOOK

외교술은 상대를 당신 뜻대로 움직일 수 있는 기술이다.
— 다니엘레 바레(Daniele Vare)

SITUATION
6
공식석상에서

외교관은 매우 특별한 기술을 가지고 정말 어려운 과제를 수행하는 사람들이다. 외교관들의 업무 중 상당 부분은 공개적으로 이루어진다. 공식석상에서 공적인 상대와 핑퐁 게임에 가까운 의사소통을 하며 만족할 만한 결과를 이끌어내기란 결코 쉬운 일이 아니다.

국가를 대변하는 외교관에 비할 수는 없지만, 회사의 업무 역시 결코 비밀리에 이루어지지 않는다. 혼자서만 처리하거나, 부서 수준에서 끝낼 수 있는 일에는 한계가 있다. 결국 부서 대 부서, 기업 대 기업의 입장에서 외교적 전략을 발휘해야만 하는 순간이 온다. 만약 외교술을 발휘해야 할 필요가 있다면, 다음의 몇 가지 팁을 기억하라.

첫째, 신뢰를 얻으면 정보가 따라온다.

당신이 한 국가의 이해를 대변하는 대사가 된 경우를 상상해보라. 매우 미묘한 상황에 대해 토의해야 하는 회의나 행사에 참석할 경우, 당신은 상대국 대사들과 가능한 우호적 관계를 유지하며 문제를 해결하기 위해 애쓸 것이다. 신뢰감이 들면서도 단호한 태도로, 협력을 이끌어내기 위해서 말이다. 이처럼 공식석상에서 정중하면서도 우호적인 태도를 유지하는 것은 매우 중요하다. 권위와 자신감뿐 아니라 공손하면서도 정직한 모습을 보여줘라. 믿을 만한 리더라는 신뢰를 얻으면 그만큼 중요한 정보를 얻어낼 기회가 늘어날 것이다.

둘째, 의사소통을 훈련하라.

헬스장에서 근육을 단련하는 것과 마찬가지로, 의사소통 기술 또한 끊임없이 연마해야 한다. 의사소통 기술에는 비단 말솜씨만 포함되지 않는다. 다양한 문서와 인터뷰 자료, 책을 읽고 각 분야 엘리트들의 팟캐스트를 들어라. 이슈와 더불어 이슈를 다루는 법, 결정적으로 사용할 수 있는 어휘나 표현을 학습하고 자신만의 노트를 만들어라. 언젠가 분명히 쓰임이 있을 것이다.

셋째, 모호하게 말하는 방법을 익혀라.

외교관들에게 있어 가장 중요한 문제 중 하나는 언제, 얼마만큼의 진실을 말할 것이냐 하는 것이다. 상대방의 말 속에 숨은 진실의 농도를 알아차리는 것 또한 중요한 기술이다. 외교관뿐 아니라, 전문가들이 모인 자리에서도 이런 진실 게임은 드물지 않게 벌어지곤 한다. 때문에 에밀리 디킨슨의 말처럼 "진실을 말하되 불완전하게 진실을 말"하는 법을 익힐 필요가 있다.

넷째, 스트레스에 강한 사람처럼 보여라(실제로는 아니더라도).

윈스턴 처칠은 강한 스트레스와 압박을 받는 상황에서도 놀라울 정도의 적응력을 보여주곤 했다. 그는 리더의 언어를 마스터하고 적절하게 유머를 구사했는데, 예를 들어 히틀러의 폭압에 대해 "유화론자는 자신이 마지막에 잡아 먹힐 것을 바라면서 악어를 키우는 사람이다"라고 말한 것이 그 예이다. 이 외에도 많은 정치인들은 관용구를 훌륭하게 구사함으로써 자신은 어떠한 상황에서도 흔들리지 않으며 (믿고 따를 만한 또는 힘의 우위에 있는) 강인한 리더라는 사실을 증명하곤 했다. 이러한 사례를 따라 하다 보면 어떤 협상자리나 공식석상에서도 주도권을 잃지 않을 수 있다.

논의를 시작할 때

👍 Good · 👍 Best

우호적인 표현 저는 활발한 논의를 좋아합니다. 이 주제에 대해 논의해 봅시다.

자, 지금이 이 주제를 논의하기에 가장 적합한 시점인 것 같군요.

Best 이 주제에 대한 의견을 듣고 싶습니다.

논의를 시작해도 될까요?

여러 가지 아이디어를 두루 논의해봤으면 합니다.

이 사안에 관해 여러분과 충분히 논의해보고 싶습니다.

Good 논의가 충분하게 이루어져야 서로 만족할 만한 결론에 이를 수 있습니다.

서로 의견을 듣고 이해하는 시간을 가졌으면 합니다.

~에 관해서 좀 더 상세하게 이야기해보죠.

논의 주제가 정해진 것 같군요.

이번 논의가 건설적으로 마무리되길 바랍니다.

아시겠지만, 지금까지 건설적인 논의를 통해 항상 원만한 해결방안을 도출해 왔습니다.

단순히 이야기만 나누는 것이 아니라, 실행하고자 합니다.

이번에 이야기할 주제는 ~입니다.

~에 대해서 각자의 생각을 이야기해볼까요.

~에 대해 좀 더 심도 있게 이해하게 되길 바랍니다.

Good 어떻게 결론 나든 좋습니다. 일단 논의해 봅시다.

훌륭한 논쟁이 [협력관계를 / 결속력을] 강화시키리라 믿습니다.

선의의 논쟁을 하다 보면 좋은 결과가 나오겠죠.

절대적으로 대화가 필요한 시점입니다.

두려워 말고 허심탄회하게 이야기해봅시다.

주저하지 말고 말하세요.

모호한 생각이나 반대되는 생각들을 쳐내면서 얘기해보죠.

각자 입장을 서로 검토해봅시다.

처음부터 너무 복잡하게 얘기하지는 말죠.

이번 논의를 통해서는 구체적인 결과가 나와야 한다고 봐요.

당면한 문제에 관해 어떻게들 인식하고 있나요? 이 부분부터 얘기해보죠.

이번 논의에서는 상대를 비방하는 일은 없으리라 기대합니다.

일전에는 관점 차이로 논의에 어려움이 있었습니다. 어떻게 개선할 수 있을까요?

조만간 이 사안에 대해 결론을 지어야 할 겁니다. 그게 오늘이면 더 좋고요.

자, 어디 한 번 끝장토론을 해봅시다.

첨언 102p / 연설 138p / 대화 160p

논의를 마무리 지을 때

👍 Good · 👍 Best

말씀 나눌 수 있어서 정말 좋았습니다.

Good
오늘 대화는 정말 좋았습니다.

오늘 회의는 이만 마무리 짓고 맥주나 한잔합시다.

다양한 이야기가 나왔네요. [웃으며] 머리에 쥐나겠어요.

의견이 꼭 일치할 필요는 없죠. 사실 그편이 더 재밌고요.

이야기를 조금 더 하고 싶지만, 이러다간 밤샐 거 같아요.

[Best] 모든 쟁점이 해소되었다고 생각합니다. 마지막으로 하실 말씀 있으신 분?

[Good] 대화가 반복되는 것 같네요. 이쯤에서 결론을 짓죠.

다음에 다시 이 문제를 논의하는 것이 어떨까요?

더 다양한 이야기를 들어보고 싶지만, 애석하게도 시간이 없네요.

더 많은 말씀을 듣고 싶지만, 다른 약속이 있어서요.

더 얘기하면 좋겠지만, 이번 논의 때문에 다른 업무가 많이 밀려서요.

예상보다 회의 시간이 오래 걸리겠군요.

자, 정각 ○○시를 기점으로 회의를 마칩시다!

고마운 말씀이지만, 이미 끝난 이야기입니다.

논의를 계속할 이유가 없군요. 더 하실 말씀 남았습니까?

쉽게 해결될 문제가 아니로군요.

도저히 합의에 이르지 못할 것 같아요.

미안하지만, 이 논의에서는 더 건질 게 없습니다.

애석하게도, 이번 논의는 전혀 합의에 이르지 못했군요. 이 주제에 관한 얘기는 그만 합시다.

이런 식의 언쟁이 어떤 결과를 내는지 잘 알고 있어요. 전 피하고 싶군요.

이런 식의 언쟁이 계속되면 논의가 좋게 끝날 수가 없어요.

이 논의를 계속해야 하는 이유를 모르겠습니다.

이 논의는 그만 하는 게 모두에게 좋을 것 같습니다.

논의를 계속할 필요가 없군요.

[Good] 이만 끝냅시다.

다시는 이런 주제로 회의하는 일은 없을 겁니다.

논의가 넘지 말아야 할 선을 넘었군요.

이거야말로 막다른 주제로군요.

전 이만 퇴장하겠습니다.

이번 논의는 끝났어요.

저는 갑니다!

청중들 앞에서 연설을 시작할 때

👍 Good · 👍 Best

신사숙녀 여러분, 그리고 존경하는 귀빈 여러분

친애하는 여러분

진심 어린 말씀을 드리자면…

감히 말씀드리자면…

Good 다들 참석해주셔서 감사합니다

Best 여러분 앞에서 이야기할 수 있게 돼 영광입니다.

우리가 지금 여기 모인 것은 우연이 아닙니다.

존경하는 귀빈 여러분 앞에서 이렇게 말문을 열고자 합니다.

여러분이 이 자리에 와주신 건 행운입니다.

~에 관한 이야기로 제 연설을 시작하겠습니다.

~[을 / 를] 칭찬하며 연설을 시작할까 합니다.

지금이 바로 그 이야기를 할 좋은 자리인 것 같습니다.

적절한 순간에 해야 할 말을 하는 것은 매우 중요하죠. 지금이 바로 그런 시점인 것 같습니다.

오늘은 자랑스러운 날입니다.

간단한 말로 시작해볼까 합니다.

시작하기 전에, 오늘 여러분이 모두 참석해주셔서 정말 [행복하다는 / 기쁘다는 / 감사하다는] 말씀을 드리고 싶습니다.

꼭 이야기하고 싶은 것이 있는데, 조금 지루하더라도 참아주세요.

정말 많은 분이 오셨네요.

여러분, 안녕하세요! 제 소개부터 드리지요.

그럼 지금부터 짧고 재미있는 스피치를 시작해보겠습니다.

숙녀분들, 그리고 떨거지 여러분

첨언 102p / 연설 137p

연설을 마칠 때

👍 Good · 👍 Best

오늘 여러분 앞에서 연설할 기회를 주셔서 정말 감사합니다.

오늘 여러분과 함께할 수 있어 영광이었습니다.

제 연설을 들어주셔서 감사합니다.

~에 관한 서로 간의 약속을 확인하는 것으로 오늘 연설을 마치고자 합니다.

마지막으로 한 번 더 말씀드리겠습니다.

오늘 제 연설의 포인트를 다시 한번 강조하며 이만 마칩니다.

이런 말로 연설을 마치고자 합니다.

루스벨트가 말했듯이, 꿈은 높게 갖되 현실에는 충실하십시오.

아마 많은 질문이 나올 것 같은데, 이제 마이크를 여러분에게 넘길게요.

경청해주셔서 감사합니다. 모두 좋은 하루 보내십시오.

연설을 가장 잘 마치는 방법은 질문을 받는 거죠.

자, 그럼 궁금하신 부분을 질문해주십시오.

서운하시겠지만, 만남이 있으면 이별도 있듯 제 연설을 마무리하겠습니다.

자, 그럼 소리 소문 없이 연설을 마치겠습니다.

여러분 모두 훌륭하셨습니다. 감사합니다.

방어적 반응 78p / 충고 145p / 의문 171p

상대의 잘못을 지적할 때

Good · Best

공격할 생각은 전혀 없습니다만, 한 가지 짚고 넘어가고 싶네요.

피차간에 부담스러운 얘기지만, 짚고 넘어가지 않을 수 없군요.

뭐라 말을 꺼내야 할지 저도 난감합니다만…

제가 지적할 상황은 아닙니다만…

어떤 이유에서든 이런 얘기 꺼내는 게 쉽지는 않지만…

관심이 없었다면 이런 말을 꺼내지도 않았을 겁니다.

어려운 얘기지만, 말하지 않는 것도 저로선 직무유기가 아닐까 싶어요.

죄송하지만, 직접적으로 말씀드릴게요.

듣기 편하진 않겠지만, 해줄 말이 있어요.

이런 말을 해서 안 됐지만, 당신이 벌인 일이란 거 알아요.

아니 땐 굴뚝에 연기 나는 일은 없어요.

이제 현실을 받아들이게.

본인의 실책을 인정하나요?

당신 잘못이에요, 인정하세요.

미안하지도 않아?

당신 탓이야.

 명백하게 당신 잘못이잖아.

타협 28p / 갈등 해소 59p / 방안 제시 199p

합의를 이끌어낼 때

👍 Good · 👍 Best

 다 함께 노력한다면 이뤄낼 수 있으리라 생각합니다.

서로 의견을 조금만 더 절충하면 합의에 이를 수 있을 듯합니다.

한마음이 되어 노력하면 어떤 문제든 해결할 수 있을 겁니다.

👍 Best 쉽지는 않겠지만, 합의점을 찾기 위해 함께 노력합시다.

합의점을 찾는다면, 서로 윈윈 할 수 있을 겁니다.

긍정적으로 생각합시다. 분명 합의점을 찾을 수 있을 거예요.

서로 절충할 수 있으리라 믿습니다.

지금껏 지난한 과정을 거치며 함께 논의해 왔잖아요.

합의에 도달해야 하는 시점이란 걸 피차 인식하고 있다고 생각합니다.

사안이 좀 복잡하긴 하지만, 합의에 도달할 수 있다면 그 이후는 잘 풀릴 것 같습니다.

Good 현재로서는 협력이 최선의 방법이라 생각됩니다.

결국 우리 모두가 같은 것을 원하는 것 아닌가요?

제 생각은 다 말씀드렸습니다. 당신 생각은 어떤가요?

양보가 필요한 시점이군요.

지금 바로 합의점을 찾아봅시다.

Good 어느 한 쪽 의견으로 치우칠 게 아니라, 중간 지점을 찾아보죠.

합의에 도달하려면 조금씩 양보하는 수밖에 없어요.

서로 한 발짝씩만 물러섭시다. 어느 한 쪽이 일방적으로 양보할 수는 없잖아요.

합심합시다. (다른 길이 없어요.)

합의에 도달하지 못하면 결국 모두에게 손해예요.

합의점을 찾지 못하면 문제가 심각해집니다.

단호한 표현 양보하지 않으면 결코 합의점을 찾을 수 없어요.

이견을 다루는 방법

👍 Good · 👍 Best

[웃으며] 모두가 같은 생각이라면 논의란 게 필요 없었겠죠.

서로 의견이 다른 건 분명하지만, 뭐 어때요.

Best 왜 그렇게 생각하시는지 알겠습니다. 좀 더 심도 있게 얘기해보죠.

이 문제에 관해 잘 알고 있다고 생각하는 듯한데, 근거가 뭔가요?

해석의 여지가 있어 보이는데요.

서로 의견이 다르긴 해도, 제시간에 합의에 도달할 수 있으리라 확신합니다.

모든 문제에 의견 일치를 볼 수는 없겠지만, 최소한 중요한 사항은 합의할 수 있으리라 생각합니다.

미심쩍은 부분이 있긴 하지만, 계속 진행해보죠.

Good 왜 그렇게 생각하는지 알겠어요. 하지만 전 다르게 생각합니다.

여전히 [저와는 / 두 분] 생각이 다른 것 같군요. 좀 더 노력해보죠.

각자 의견의 중간점을 찾아보는 게 어떨까요?

합의에 도달하려면 어떻게 해야 할까요?

Good 그럼 최소한 ~에는 동의하시는 거죠?

때로는 상대에게 주도권을 넘겨라! 이를 통해 정반합 과정을 단축시킬 수도 있다.

사소한 의견 차이 때문에 일을 망치지는 맙시다.

만약 제가 그 생각에 반대한다면요?

저는 ~에 반대합니다.

제 주변에는 다르게 생각하는 사람이 많습니다.

모든 사람의 의견이 같을 수는 없죠.

저는 확실히 의견이 다릅니다.

누구 의견이든 그냥 받아들여서는 안 됩니다.

전 그렇게 생각하지 않는데요.

다시 생각해보세요.

아무리 생각해도 동의할 수 없어요.

상황에 따라서 최선책은 달라질 수 있죠.

말한 내용을 증명해보세요.

문제를 과장하고 있다고 생각하지 않으세요?

그 의견을 어떻게 증명할 수 있을지 궁금하군요.

서로 의견이 다른 것은 분명합니다.

제 생각은 달라요. 더는 말할 필요가 없겠군요.

합의점을 찾을 가능성이 없겠군요. 이쯤에서 끝냅시다.

합의점을 찾을 수 없다면 더 얘기할 필요 없겠어요.

잘 모르는 내용에 대해 말하지 마세요.

그런 터무니없는 이야기를 듣고 앉아 있을 기분이 아닙니다.

유별난 생각을 갖고 계시군요.

정신 차리세요!

민감한 주제를 피해가는 방법

👍 Good · 👍 Best

| 우회적인 표현 | 지금 그 이야기는 하지 않는 게 나을 것 같습니다. |

다들 지금 마음이 편치 않으실 텐데, 주제를 바꿔보죠.

[농담조로] 이 주제는 골치만 아프군요.

[농담조로] 이런 얘기 잘못하면 잡혀가는 거 몰라요?

Best 그 문제에 관한 논의는 일단 보류해두는 게 좋을 것 같아요.

어쩌다 보니 민감한 주제가 되어버렸네요, 그렇죠?

복잡한 문제는 굳이 언급하지 맙시다.

Good 일단 해결이 가능한 문제에 집중해보죠.

일단 그 문제는 보류해두죠. 좋은 분위기를 해칠까 걱정되는군요.

그보다 더 시급한 문제부터 얘기하는 게 순서 아닐까요?

괜찮다면, 그 문제는 꺼내지 않았으면 해요.

그 이야기는 하지 맙시다.

나중에 이야기하죠.

프로답지 못한 주제라 생각되네요.

주제를 바꾸지 않으면 문제가 생길 수도 있겠어요.

Good 그 문제는 이미 충분히 이야기된 것이니 다시 꺼내지 말죠.

서로 날을 세울 자리는 아닌 것 같습니다. 그 이야기는 하지 말죠.

듣고 있자니 점점 더 불편해지네요. 그 이야기는 잠시 미뤄두죠.

누구도 반길 만한 주제가 아닌 것 같군요.

제가 떠날 때까지만이라도 이 주제는 언급하지 말아 주시죠.

그 이야기라면 전에도 들은 적이 있어요. 들으면 들을수록 싫어집디다.

지난번에도 이야기했었지만 서로 마음만 상하더군요.

적어도 이 자리에서 그 이야기는 금지예요.

시간이 별로 없으니 적당히 합시다.

(이 주제에 관해) 더 이야기한다고 뭐가 달라지겠어요?

이 이야기는 더 해봤자예요.

얼마나 골치 아픈 얘긴지 알기나 하세요?

별로 도움이 안 되는 주제네요. 생산적인 이야기를 하시죠.

그런 얘기는 긴장감만 고조시킬 뿐이에요.

더 말해 봐야 속만 상해요.

또 그 얘기야?

그 이야기라면 그만 끝냅시다.

그 이야기로 당신과 더는 엮이고 싶지 않아.

경고 46p / 방어적 반응 78p / 지적 139p

제안이나 충고를 하는 방법

👍 Good · 👍 Best

부담 갖지 말고 제 의견을 좀 들어주세요.

도움이 될지 모르겠지만, 제 생각을 한번 들어주시겠습니까?

이 정도는 이야기할 수 있는 [자리 / 사이]잖아요?

제게 아이디어가 있는데요, 한번 들어보시겠어요?

개인적인 이야기를 할 수 있는 [자리 / 사이]잖아요.

그냥 생각나서 하는 이야기인데요. ~하면 어떨까요?

개인적인 생각으로는…

👍Good 편하게 말씀드려도 될까요?

👍Good 솔직하게 말해도 될까요?

제안 하나 해도 될까요?

오해하지 말고 들으세요.

[여러분 / 당신]이 ~하면 좋을 텐데요.

기분 상하게 할 의도는 아니고요.

무례하게 굴려는 건 아니지만…

잘못된 제안이 아니길 바라면서, 한마디만 할게요.

기분 나쁘게 생각하지 않았으면 해요. 내 생각에는…

꼭 받아들일 필요는 없지만, 내 생각에는…

~하기를 권합니다.

좋은 충고 하나 할게요.

지금 시점에서 최선은 ~입니다.

도움이 될 수도 있는 이야기 하나 할게요.

내 얘기 좀 들어봐.

[제안 / 충고] 하나 하자면…

객관적인 의견은 따라야지.

당신 지금 최악이야. 왜 그런지를 알아야 해.

이러다 큰일 내겠어. 내 말 좀 들어.

회피 19p / 비판 76p / 사적인 질문 188p

원하지 않는 제안이나 충고에 대답하는 법

👍 Good · 👍 Best

이렇게까지 신경 써 주시다니 대단히 감사합니다.

정말 친절하시네요. 솔직하게 말씀해주셔서 감사합니다.

Good 미처 거기까지는 생각지 못했었는데, 감사합니다.

꼭 고려해보겠습니다.

많은 생각을 하게 되었습니다. 감사합니다.

일부러 시간 내서 좋은 말씀 해주시다니 감사합니다.

Best 알려주셔서 감사합니다.

다른 의견 있으시면 말씀해주세요.

지적해주셔서 감사합니다.

좋은 의견이로군요. / 좋은 충고였습니다.

무슨 이야기든 환영합니다.

Good 관심에 감사드립니다.

도와주셔서 감사합니다.

걱정해주셔서 감사하지만 괜찮아요.

[생각해주는 건 / 도와주는 건] 고맙지만, 그럴 필요 없어요.

무슨 말인지 알겠지만, 계획대로 해도 괜찮을 듯해요.

말씀하신 뜻은 충분히 이해하지만, 이 문제는 제 [생각대로 / 원안대로] 할게요.

지금 말씀하신 [조언 / 제안]은 어떤 경험에 근거한 건가요?

고맙지만, 괜찮아요.

그 문제는 제 뜻대로 할게요.

제가 지금 무슨 일을 하는지는 저도 잘 알고 있어요. 고마워요.

제 일은 제가 알아서 합니다.

알고 있어요.

필요하면 물어볼게요.

비난 69p / 소문 97p

비난 혹은 공격을 받았을 때

👍 Good · 👍 Best

[농담조로] 절 재판대에 세우시는군요.

어떻게 그런 결론에 이르렀는지는 모르겠지만, 한번 끝까지 들어보죠.

실제로 어떤 일이 일어났었는지 말씀드릴게요.

👍 Good
그렇게 생각하신다니 서운합니다. 어떻게 해야 그렇지 않다는 걸 이해시켜 드릴 수 있을까요?

제가 그랬다고 말씀드리고 싶지만, 사실이 아닙니다.

👍 Best
왜 그렇게 생각하시는지 이해하지만, 사실이 아닙니다.

죄송하지만, 무슨 말씀이신지 전혀 모르겠네요.

사실과는 동떨어진 이야기로군요.

제 잘못을 증명해보시죠.

제 얘기도 좀 해야겠군요.

추측하지 마십시오.

도대체 무슨 의도로 하는 말인지 모르겠군요.

저를 탓할 일이 아닙니다. 제 책임이 아니었으니까요.

전후 관계를 전혀 모르고 하시는 말씀입니다.

더 이상 사실이 아닌 이야기는 하지 말아 주십시오.

사실을 알면 제 잘못이 아니란 걸 이해하실 겁니다.

👍 Good 남을 비난하기 전에 먼저 사실확인부터 하시죠.

그건 지금 논의의 주제와는 별개의 문제입니다.

이런 논쟁을 할 시간에 산적해 있는 다른 문제들을 논의하죠.

저를 비난할 때는 제게도 발언 기회를 주셔야 하는 거 아닙니까?

그 문제는 당신 생각보다 훨씬 복잡해요.

저를 비난한다고 해결되는 건 아무것도 없어요.

긍정도 부정도 하지 않겠습니다.

그러는 당신은 잘하고 있어요?

위선자가 되지는 맙시다.

뭔가 일이 단단히 잘못된 건 맞지만 제 잘못은 아닙니다.

제가 의도한 바가 절대 아닙니다.

누구의 잘못도 아닙니다. 한 사람을 비난하는 건 그만두시죠.

저는 희생자일 뿐이에요.

어떻게 그런 엉터리 결론에 도달했죠?

그런 얘기는 어디서 들었어요?

무죄 추정의 원칙도 모르세요?

저는 그런 적이 없어요.

뭐든지 남 탓이로군요.

명예훼손으로 고발하겠소!

LEADER
PHRASE
BOOK

대화에 능한 사람은 상대방이 기억하고 싶어하는 것을 말한다.
― 존 메이슨 브라운(John Mason Brown)

SITUATION
7
일상생활에서

말을 잘하고 싶다면 올바르게 말하는 것뿐만 아니라, 실수를 저지르지 않은 것이 중요하다. 리더의 말실수는 많은 경우 적합한 단어와 표현방법을 찾지 못한 나머지 비롯되곤 한다. 이를 방지하기 위해 아래 6가지 덕목을 잘 기억하자.

첫째, 간단명료하게 말하라.

대화를 독차지하거나 말을 빙빙 돌려 하는 사람을 좋아할 이가 있겠는가? 리더 혹은 리더가 되길 원하는 사람이라면 자기 생각을 단순명쾌하게 전달할 줄 알아야 한다. 트럼프 그룹 회장 도널드 트럼프는 명쾌한 연설가의 좋은 본보기이다. 그는 무의미한 단어들로 사람들을 현혹하지 않고 분명한 화법으로 청자에게 접근한다.

둘째, 사용할 수 있는 어휘 수를 계속 늘려라.

스스로 훌륭한 어휘력을 가졌다고 생각하지 마라. 매일 새로운 어휘 한두 개씩을 더 배우기 위해 노력하라. 잡지나 책을 읽고 모르는 단어에 밑줄을 그어라. 수준 높은 학술서적도 좋지만, 젊은 사람들이 주로 보는 매체를 통해 다채로운 사회구성원이 사용하는 다양한 수준의 어휘를 습득하도록 하라. 만약 평균적인 사람보다 1천 개 이상의 어휘를 더 사용할 수 있다면, 그 사실만으로도 당신은 두드러진 말솜씨를 가지게 될 것이다.

셋째, 관용적인 표현을 숙달하라.

관용적 표현이란 비문법적이지만 사회적으로 통용되는 표현으로, 우리가 흔히 사용하는 속담이나 고사성어, 격언 등도 모두 여기에 포함된다. 이러한 관용적 표현은 대화를 할 때 뉘앙스를 풍부하게 만들어주는 효과가 있다. 예를 들어 "그는 정말 착한 사람이야" 라는 말과 "그는 정말 법 없이도 살 사람이야" 라는 두 가지 문장은 같은 의미이지만, 풍기는 뉘앙스의 강도는 사뭇 다르다. 다채로운 관용어를 공부하고 더 많이 인용해라. 그러나 상투적인 표현은 피하도록 노력하라. 이러한 노력은 당신과의 대화를 훨씬 더 기억에 남고 설득력 있는 것으로 만들 것이다.

넷째, 필요하다면 남의 입을 빌려라.

리더의 일상대화에는 말단 직원의 대화와는 비교도 안 되는 많은 것들이 달려 있다. 리더의 말은 긍정적인 효과를 미칠 수도 있으며, 반대로 자신을 완전히 무너뜨릴 수도 있다. 부하직원들을 응집하게 만들 수도 있는 반면, 그들에게 불안감과 절망감을 심어줄 수도 있는 것이다. 그 파급력은 리더의 영향력에 따라 기하급수적으로 증대된다. 그래서 많은 회사의 리더 혹은 정치가들은 외부 커뮤니케이션을 PR 담당자나 대변인에게 위임한다. 만약 당신도 그렇게 할 수 있다면, 그것을 기회로 최대한 활용해야 한다.

다섯째, 다른 사람들의 실수에서 배워라.

다른 사람과 대화를 하면서 그의 말솜씨가 형편없다고 느낀 적이 있는가? 혹시 당신이 그와 같은 실수를 저지르고 있지는 않은지 되돌아보아라. 그리고 그를 반면교사 삼아 머릿속에 "Do Not" 리스트를 만들어라. 이렇게 하다 보면 좋은 대화습관이 만들어지고, 시간이 지남에 따라 자연스럽게 대화 능력이 향상될 것이다.

여섯째, 지식으로 생각을 뒷받침하라.

주장에 설득력이 실리려면 그와 관련된 배경지식이 반드시 필요하다. 개인적인 일화나 사회 이슈, 역사 지식 등을 활용하는 것이 좋다. 이를 위해서 주요 뉴스나 산업 동향, 최근 스포츠 결과, 새롭게 출시된 영화 등 정보를 끊임없이 수집해야 하는 것은 물론이다.

동의할 때

👍 Good · 👍 Best

적극적인 표현

그렇죠! 바로 그거예요

전적으로 맞는 말이에요.

Best 내 마음을 읽고 있는 것 같군요.

100퍼센트 동의합니다.

진심으로 동의합니다.

완벽히 동의합니다.

당신 의견에 전적으로 동의해요.

우리 의견이 일치하는데요.

우린 생각이 같네요.

완전히 말이 되네요.

좋은 포인트네요.

무슨 뜻인지 정확히 알겠어요.

내가 말하려던 핵심이 바로 그거예요.

당신 말이 맞아요.

내 의견도 (당신과) 같아요.

당신 관점에 동의해요.

서로 이해하고 있는 내용이 같아 기쁘네요.

말이 잘 통하는 것 같네요.

핵심을 잘 짚은 것 같네요.

상식적으로 당신 말이 맞네요.

앞뒤 논리가 맞네요.

거기에 대해선 이의 없어요.

당신의 의견은 충분히 알겠습니다.

일리 있는 의견이군요.

특별히 [걸리는 / 꺼림칙한] 부분은 없네요.

썩 내키진 않지만 인정하죠.

내가 졌어요. / 당신이 이겼어요.

내가 포기할 때까지 계속 논쟁할 생각이라면, 마음대로 하세요.

[농담조로] 당신은 항상 옳죠.

동의하지 않을 때

Good · Best

서로 생각에 차이가 있는 것 같네요.

무슨 말인지는 이해해요, 하지만…

당신이 말하고자 하는 요점은 알겠어요, 하지만…

당신의 관점을 존중합니다. 하지만…

전적으로 동의하지는 못하겠네요.

당신의 의견을 존중하지만 동의할 수 없습니다.

그건 제가 아는 방식이 아닙니다.

그것도 하나의 방법이 될 수 있겠지만, 맞는 방법은 아닌 것 같군요.

이 분야 전문가들은 동의하지 않을 겁니다.

그것 외에도 여러 방안이 있을 듯하군요.

해석의 차이가 명백하군요.

제 의견은 조금 다릅니다.

서로의 의견 차이를 인정해야 할 것 같군요.

꼭 정답이라 할 순 없지만, 당신의 의견을 높이 사고 싶네요.

(그것보다) 더 나은 방법이 있을 거예요.

큰 의문이 드네요.

당신 의견에는 약간의 [문제가 / 결함이] 있어요.

(당신 의견은 맞지 않기 때문에) 다른 방법을 찾아보는 게 좋을 것 같군요.

당신 의견에 동의할 수 없어요.

우리의 의견은 근본적으로 달라요.

내가 동의하지 않는 이유는, 쉽게 말해 당신이 틀렸기 때문이에요.

전혀 동의하지 않아요.

도대체 맞는 게 없어요.

(그 문제에 대해) 좀 더 공부하세요.

문제를 이해하지 못 하는군요.

완전히 틀렸습니다.

당신 생각은 완전히 틀렸어요. 게다가 무엇을 어떻게 틀렸는지조차 모르는 군요.

대화를 시작할 때

👍 Good · 👍 Best

정중한 표현 이렇게 말씀 나누게 돼 영광입니다.

이 주제에 대해 당신과 깊이 있는 대화를 나누고 싶었습니다.

오랫동안 말씀 나눌 기회를 기다렸습니다.

이야기 나누게 돼 반갑습니다.

잠시 이야기 좀 할 수 있을까요?

시간 있으세요? 논의하고 싶은 게 있어서요.

의견을 주신다면 큰 도움이 될 것 같습니다.

이 문제에 대해 함께 이야기했으면 하는데요 .

당신 [이야기를 / 의견을] 들어보고 싶어요.

마음을 열고 자유롭게 이야기해보죠.

👍 **Best** 어떤 결론이 나오든 좋습니다. 대화를 통해 구체적인 결실을 보았으면 합니다.

전 자유롭게 대화하는 편이 좋은데, 어떠세요?

더 자세히 이야기 나눠보고 싶습니다.

매우 까다로운 주제네요.

👍 **Good** 지금 시점에서는 우리가 대화를 많이 나눌수록 좋을 것 같아요.

제 견해를 전달할 필요가 있을 것 같군요.

시작 단계부터 원만하게 대화해 나간다면, 좋은 결과를 얻을 수 있을 것 같습니다.

제 목표는 이걸 좀 더 명확하게 하는 겁니다.

당신의 주장을 받아들일 수 있도록 설명해주세요.

단순한 대화에서 그칠 게 아니라 뭔가 만들어내 보죠.

이야기 나누는 것만으로도 도움이 될 것 같아요.

간단히 그 문제에 대해 이야기해보는 게 어때요? 손해 볼 것 없잖아요.

진작에 이 논의를 시작했어야 하는 건데.

이 건에 대해서는 더 이야기할 필요가 없기를 바랐는데, 어쩔 수 없네요.

지금부터 묻는 말에만 대답해주세요.

무의미하더라도, 어디까지 논의될 수 있는지 한번 이야기해보죠.

(이 대화를 통해) 온종일 아무것도 얻은 건 없지만, 그래도 계속해야겠죠?

이봐! 내가 불렀잖아!

지금 당장 들어와서 말해!

발언방해 73p / 첨언 102p / 연설 138p

대화를 마칠 때

👍 Good · 👍 Best

언제나 그렇지만, 정말 즐거운 대화였습니다.

생각했던 것보다 훨씬 더 유익한 대화였습니다. 귀한 시간 내주셔서 감사합니다.

정말 유익한 대화였습니다. 감사합니다.

오늘 많이 배웠습니다. 감사합니다.

벌써 일어서야 한다니 서운하네요. 많이 배웠어요.

고마워요. 정말 즐거운 대화였어요.

더 이야기 나누고 싶지만, 어쩔 수 없이 지금 가봐야겠습니다.

계속 이야기 나누고 싶은데, 시간이 벌써 이렇게 됐네요.

좀 더 이야기할 수 없어 아쉽네요.

급한 일이 있어서 지금 가봐야 할 것 같아요.

미안한데, 지금 가봐야 해요.

이제 그만 마무리합시다.

미안하지만, 다른 곳에서 저를 찾고 있어서요.

미안하지만, 더는 대화하고 싶지 않네요.

오늘 대화는 여기까지 하는 게 좋겠네요.

단 하루 만에 결론 내리기엔 벅찬 주제군요.

이제부터는 제가 별 도움이 안 될 것 같아요.

이 사안과 관련된 이야기는 이만하면 충분할 것 같군요.

다른 주제에 대해 얘기하는 것이 어떨까요?

이 사안에 대해서는 더 이야기할 필요가 없겠네요.

여기서 끝내죠.

이야기가 산으로 가기 전에 그만 합시다.

더 논의하는 건 적절하지 않을 거 같군요.

이 주제는 좀 불편하네요.

10년을 논하더라도 해답을 얻을 수 없을 것 같군요.

더 이야기해봐야 시간 낭비겠군요.

그 건에 대해서는 더 말하고 싶지 않습니다.

그 얘기라면 이제 관심 없어요.

내 생각에 이 대화는 이제 끝났어요.

대화 끝!

같은 말이라도 제스처를 통해 상대에게 다른 느낌을 전달할 수 있다. 일례로 연신 시계를 들여다보다 이런 말을 내뱉는다면 상대에게 불편함, 나아가 불쾌감까지 줄 수 있다. '바쁘다'는 걸 어필하려는 듯 보일 여지도 존재한다. 적당한 핑계로 공손하게 일어서고 싶다면 아쉬움을 충분히 표현하자.

너랑 이야기하니까 머리가 다 아프다.

더 이상 할 말이 없군요.

 말실수하기 전에 입 다물게.

소식을 전할 때

👍 Good · 👍 Best

정말 좋은 뉴스가 있어요. 들으면 깜짝 놀랄걸요!

정말 대단한 뉴스야! 입이 근질거려서 더는 못 견디겠는걸.

빨리 와봐! 놀라운 소식이 있어!

자네가 듣고 싶어하던 바로 그 소식이야.

방금 대단한 일이 일어났어요!

Good 내가 들려주는 소식을 믿을 수 없을 걸세.

잠깐 기다려봐요. 좋은 소식이 있어요.

Best 자네한테 이런 기쁜 소식을 전할 수 있어서 정말 좋군.

이 소식을 들으면 종일 기분이 좋을걸요.

이 소식을 공정하게 평할 수 없을 것 같지만, 노력해볼게요.

당신이 알아야 할 소식이 있어요.

어떻게 말해야 할지 잘 모르겠지만…

자네를 실망하게 할 수밖에 없을 것 같아.

자네에게 실상을 알려줄 수밖에 없어서 유감일세.

차근차근 설명하죠.

가능한 부드럽게 이야기할게요.

자네를 실망시킬 생각은 없지만… / 이 소식을 전하고 싶지는 않지만…

이런 소식 전한다고 해서 나를 미워하진 말게나.

마땅한 방법이 없는 것 같아서 그냥 얘기할게요.

쉽게 입이 떨어지지 않네요.

나쁜 소식을 전하는 사람이 되기는 싫지만…

지금부터 들을 이야기를 좋아하지는 않겠지만…

이 건에 대해 달리 말할 좋은 방법이 없네요.

주의! 보신주의적 태도로 비춰질 수 있다.

좀 앉아보게. 자네가 듣고 싶지 않을 얘기를 해야 할 것 같아.

자네에게 들려줘야만 하는 나쁜 소식이 있어 유감일세.

그래. 방금 나쁜 소식을 들었어.

설득 21p / 의사표현 165p

리더로서 의견을 표해야 할 때

Good · Best

망설이지 않고 확실하게 말할게요.

확신을 가지고 말할게요.

제 경험을 바탕으로 얘기하자면,

의심할 여지 없이,

[이것 / 내 말]에 대해서 확신을 가지고 있어요.

제 의견을 솔직하게 말하자면…

제 관점에서는…

말하자면…

Good 제가 말하고 싶은 것은…

단순히 직감으로 말하자면…

제가 참견해도 된다면…

그건 좋아요. 하지만 제가 말하고자 하는 것은…

제 생각에는…

제 의견을 털어놓고 싶은데요.

여기서 이 말을 해야겠다는 생각이 드는군요.

Good 만약 제가 오해한 게 아니라면…

확실치는 않지만 제 생각에는…

확신이 있는 것은 아니지만…

틀릴지도 모르지만…

내가 틀린 적도 많지만, 도움이 될지 모르니 한번 들어봐요.

불확실한 표현 제 의견을 조금 추가해도 될까요?

불확실한 표현은 공손 또는 겸손한 표현일까? 불확실한 표현은 논의 도중에는 지위고하를 막론한 자유로운 논쟁에 도움이 될 수 있다. 그러나 리더로서 논의를 정리하고 방향을 정해줘야 하는 상황이라면 이런 표현들이 부하직원들의 마음을 답답하게 만들지도 모른다.

논의 도중 의사를 표현할 때

👍 Good · 👍 Best

부드러운 표현 | 최대한 자세하게 말할게요.

Best | 더 많은 견해가 있을 수 있지만, (제) 의견을 얘기해볼게요.

가감 없이 얘기하자면, 저는 ~(이)라고 생각합니다.

특별히 어느 한 쪽에 치우치지 않고 의견을 말해보겠습니다.

Good | 힘들지만, 제 의견을 말해야겠군요.

결정이 나기 전에 제 의견을 말할게요.

그 뉴스를 듣기 전에, …(이)라고 얘기하고 싶군요.

결론이 나기 전에, …[을 / 를] 말하고 싶군요.

Good | 꺼려지는 주제라는 건 이해합니다만…

저는 ~(이)라는 편입니다.

솔직하게 말하자면, ~에 관해 이야기하지 않을 수 없군요.

Best | 솔직하게 말할게요.

단도직입적으로 얘기하죠..

어느 누구의 감정도 상하게 하고 싶지 않습니다만…

잠깐만 집중해보세요! 중요한 이야기가 있습니다.

미안하지만, 저는 이렇게 생각합니다.

돌려서 얘기하지 마세요.

[내 말을 / 제 이야기] 끝까지 들으세요.

Good | 달리 좋게 표현할 방법이 없군요, 그냥 말할게요.

터프한 표현 | 지나치게 세세한 사항은 접어두고, 전체적으로 얘기해 봅시다. 어떻습니까?

더 많은 정보를 필요로 할 때

👍 Good · 👍 Best

정중한 표현 아직 부족한 점이 많습니다. 좀 더 이야기해주시겠습니까?

당신의 입장을 좀 더 알고 싶습니다.

어떤 입장이신지, 더 자세히 말씀해주시겠어요?

한 번 더 말씀해주시겠습니까?

👍 **Best** 더 명확하게 말씀해주시겠어요?

미안하지만, 좀 더 이야기해줄 수 있나요?

의견은 잘 들었습니다. 하지만 몇 가지 명확히 할 것이 있군요.

모든 정보를 파악하고 싶습니다. 자세히 말해주실 수 있을까요?

아마도 (내게) 명확하게 해줄 게 있겠군요.

정확하게 듣지 못했는데, 한 번 더 말해줄래요?

👍 **Good** 확실히 알아들을 수 있게 설명해주세요.

무슨 이야기인지 조금 혼란스럽군요. 다시 한 번 말해줄래요?

뭉뚱그리지 말고 자세하게 말해주세요.

아무래도 제가 (당신 의견을) 제대로 이해하지 못하고 있는 것 같군요.

무슨 의미인지 구체적으로 설명해주세요.

더 많은 정보가 필요해요.

[입증 / 증명]할 수 있어요?

전혀 이해가 안 되는군요. 좀 더 분명하게 말해주세요.

미안하지만, 요점이 뭔가요?

혹시 말하지 않은 것이 아직 남아있나요?

 말하고자 하는 게 뭔가요?

요점을 얘기하세요.

 대화를 계속하려면 지금보다 많은 정보가 필요할 것 같군요.

내가 이해할 수 있도록, 알고 있는 것은 모조리 털어놔 봐.

결론만 말하세요.

 대답해 봐!

요점 강조 20p / 요점 파악 221p

요점을 이해시켜야 할 때

👍 Good · 👍 Best

 좀 다르게 표현해보겠습니다.

죄송합니다만, 다르게 말해보겠습니다.

(당신에게) 도움이 될지도 모르니 몇 가지 충고를 드리겠습니다.

허락하신다면, 다시 말씀드리겠습니다

조금 복잡하지만, 같이 해결해볼 수 있을지 봅시다.

이해에 도움이 될 만한 몇 가지 아이디어를 드리지요.

다소 모호하지만, 이해할 수 있을 겁니다.

함께 이해하도록 노력해보죠.

이해하기 쉽게 도와드리겠습니다.

 쉽게 이해할 수 있도록 다시 말씀드리죠.

제가 이해를 도와드리죠.

만약 이해되지 않는 부분이 있다면, 지금 같이 해결하시죠.

만약 분명하지 않은 부분이 있다면, 다시 말씀드리죠.

분명하게 말하겠습니다.

명확하게 하기 위해서, 다시 한 번 봅시다.

커뮤니케이션에 문제가 있는 것 같군요. 같이 바로 잡아보시죠.

만약 이해하기 어렵다면 다시 말해드릴 수 있습니다.

이해가 잘 안 된다면 다시 정확하게 말해드릴게요.

Good 이해가 어려우면 상세하게 설명할게요.

이해할 수 있도록 설명할게요.

이해하는 데 도움이 필요하다면, 좀 더 명료하게 설명할게요.

아직도 이해가 안 돼? 이 건과 관련해 정보 파악을 좀 더 해야겠는데.

생각을 바로잡아 줄 테니 추측하지 말고 들으세요.

이해를 못 하고 있군. 내가 도와주지.

 구제불능이로군!

비밀을 털어놓을 때

Good · Best

 당신에게는 어떤 얘기든 할 수 있을 것 같아요.

적어도 자네에겐 진심을 이야기해야겠지? 자네는 내가 믿는 유일한 사람이
니까.

자네는 내가 유일하게 믿을 수 있는 친구라네.

내가 진심을 터놓을 수 있는 사람은 당신뿐이에요.

Good 자네에게는 뭐든 숨길 필요가 없다는 걸 잘 알아.

Best 내가 자네를 전적으로 믿고 있다는 거, 알지?

자네는 내가 조언을 구할 수 있는 친구야.

자네 말은 신뢰가 가.

내가 비밀을 털어놓을 수 있는 사람은 거의 없어.

당신은 신중한 사람이라 의지가 돼요.

Good 자네라면 이 사안에 대해 편하게 얘기해볼 수 있을 것 같아.

당신을 믿지 못했다면, 이런 이야기를 하기란 쉽지 않았을 거예요.

이건 우리 둘만의 이야기예요.

나는 신뢰를 매우 중시합니다.

오랫동안 함께 지내오며 당신이 믿을 만한 사람이란 걸 알았어요.

당신에게만 사실대로 말하자면…

(내 말을) 전적으로 믿어줄 수 있죠?

비밀을 지킬 수 있어요?

우리 사이에는 뭐든 말할 수 있는 거지?

여기서 얘기하는 것이 새어 나가지 않도록 해주세요.

실은 털어놓을 이야기가 있는데, 말해도 될지 확신이 안 서는군요.

이 대화는 완전히 비밀이라는 걸 확실히 해두고 싶어요.

Good 혼자만 알고 있어야 해요.

지금부터 내가 하는 말은 절대 다른 곳에서는 말하지 마세요.

 만약 누군가에게 이런 이야기를 전한다면, 우리 사이는 끝이야.

화제를 바꿀 때

👍 Good · 👍 Best

건설적인 접근법 지금 논의하는 안건도 매우 중요하지만, 이 문제에 대해서도 논의했으면 해요.

최근 일어난 일련의 사건들 때문에, 몇 가지 추가적인 문제들에 관해 먼저 이야기하고 싶어요.

이 견해를 채택하기 전에 부차적인 문제들을 잠깐 논의해보죠.

우리는 지금 미래를 바라봐야 해요. 다른 아이디어들을 논의해보죠.

👍 **Best** 다른 주제로 넘어가죠. 다뤄야 할 사안이 많아요.

다음 주제로 넘어가죠.

이 사안에 관한 논의를 너무 오래 끌지 않도록 하죠.

주제를 바꾸는 것이 어떨까요?

시간 절약을 위해 다음 주제로 넘어가죠.

다음 주제로 넘어갈까요? 시간이 별로 없어요.

이 사안에 관해서는 자세히 검토한 것 같네요. 다음 사안은 뭐죠?

그건 그렇고 주말에 특별한 계획이 있나요?

영화 보러 가고 싶네요. 최근에 괜찮은 영화 있어요?

날씨 참 좋네요, 그렇죠?

다른 것에 관해 이야기하는 게 낫지 않겠어요?

다른 이야기를 해볼까요?

불필요하게 여기 계속 매달리지 말죠.

이 사안을 계속 논의하는 건 그다지 건설적인 일이 아닌 듯하네요.

이 문제 말고 다른 부분에 관해 이야기하고 싶어요.

> 그런데 말이야,
> 이 문제에 대해서도
> 논의해봐야하지 않을까?
>
> 논의가 길어지다보면 이야기가 지엽적인 수준에 머물거나, 사공이 많아 배(논의)가 산으로 가는 상황이 종종 발생한다. 이럴 때 주제를 환기시키고 논의의 조타수가 되는 것이 리더의 역할이다.

이것만 너무 고집하지 말죠.

이 사안에 대해 논의를 계속할 필요가 있다고 생각하세요?

이 주제는 제쳐놓는 게 어떨까요?

이건 지금 당장 해결할 수 있는 문제가 아니에요. 이 사안은 미뤄두죠.

이 논의를 계속하는 건 헛수고에 불과해요.

이 문제를 계속 논하는 건 쓸데없는 노력이에요. 그냥 넘어가요.

이야기가 맴돌고 있어요.

넘어가죠.

이 주제에 대한 논의는 여기까지만 합시다.

계속 이야기를 물고 늘어지면 화가 날지도 몰라.

문제 언급 36p / 지적 139p / 반대 157p

의문을 표할 때

👍 Good · 👍 Best

내가 볼 때는…

확신할 수는 없지만 내 생각에는…

나는 ~(이)라고 믿고 있어요.

상식적이라고 생각지는 않아요, 하지만…

난 ~(이)라는 느낌이 들어요.

뭔가 앞뒤가 맞지 않은 것 같아요.

뭔가를 놓치고 있는 것 같은데, 딱 꼬집어 말하기는 어렵네요.

난 좀 회의적이에요.

무슨 말인지 정확히 이해하지 못하겠어요.

100퍼센트 동의하기는 어렵군요.

확신이 들지 않는 부분이 많아요.

앞뒤가 전혀 맞지 않네요.

어떻게 그런 결론을 내셨나요?

말씀하시는 부분과 관련된 근거에 확신이 없어요.

당신을 모욕하려는 게 아니에요. 다만 확신이 없을 뿐이에요.

사실이 아니라고 생각하기 때문에 장황하게 말하지 않으려고요.

Best 방금 말씀하신 부분에 대해서는 의구심이 드는군요.

[당신의 / 방금 하신 말씀의] 목적을 모르겠어요.

(그것에 대해) 확신이 서지 않네요.

많은 부분에 확신이 서지 않아요.

Good 정말 알고 있는 거예요, 아니면 안다고 생각하는 건가요?

일이 잘못되었어요.

도대체 어디서 얻은 아이디어예요?

유치원생이 더 낫겠군.

알겠어. 무슨 말인지 알겠다고.

일 처리 하는 걸 보니 본인 신발끈이나 제대로 맬 줄 아는지 의심스럽구만, 그래.

불명확한 표현

사이가 틀어진 사람과 연락을 재개할 때

👍 Good · 👍 Best

정중한 표현 원만하게 해결되어서 굉장히 기쁩니다. 예전 우리 사이가 얼마나 그리웠는지 몰라요.

Best 당신과 다시 함께하게 되어 이루 말할 수 없이 기쁩니다.

다시 관계를 회복하고 지속하게 되어 기쁩니다.

우리 관계가 정상으로 돌아와서 기뻐요.

예전으로 돌아가게 되어 기뻐요. 당신과의 대화가 무척 그리웠거든요.

Good 서로 너무 바빴었죠. 다시 연락하게 되어 기뻐요.

바빴다는 거 잘 압니다. 이해해요.

잠시 사이가 멀어졌던 것이 유감이로군요. 절대 제 의도는 아니었어요.

많은 일이 있었지요. 다시 시작할 수 있을까요?

과거에 있었던 일들을 해결하고 함께하게 돼 좋습니다.

연락처를 알았으니 이제 다시 연락합시다.

만나서 그간 우리가 놓쳤던 것들에 대해 이야기하죠.

Good 미안해요, 그간 이런저런 일들로 너무 바빴던 것 같네요.

다시 함께하게 되었으니 그간의 이야기를 해보죠.

지금까지의 일들에 대해 잠깐 설명을 부탁할 수 있을까요?

서로 약간 오해가 있었던 것 같네요.

서로 서운했던 마음은 다 풀어버리고 이야기합시다.

Best 지난 일은 잊고 다시 시작하죠.

확실히 한동안 서로 소홀했었죠. 왜 그랬는지 잘 모르겠네요.

다시 만나서 이야기합시다.

연락이 끊어져서는 안 되는 거였는데.

괜찮다면, 예전 문제는 잊고 싶군요.

이제부터 우리 관계는 당신에게 달려있습니다.

예전 문제는 덮고 넘어갑시다!

회피 19p, 104p / 충고 147p / 사적인 질문 188p

질문에 대답할 때

👍 Good · 👍 Best

질문에 대한 대답이 되었나요?

필요로 했던 답이 맞나요?

찾고 있던 답이 맞나요?

만족스러운 대답이 되었나요?

원하는 대답을 들려줄 수 있어 기쁘군요.

짧지 않은 이야기였는데, 잘 들어줘서 고마워요.

긴 대답을 참고 들어줘서 고마워요.

만약 내 대답이 명쾌하지 않다면 얘기해줘요.

잘 이해했나요?

내 말을 잘 따라오고 있나요?

내가 말한 것을 다 파악했습니까?

만약 잘 이해가 안 간다면, 기꺼이 다시 설명하죠.

잘 모르겠다고 하면 다시 설명할게요.

흠, 내 말을 제대로 듣고 있지 않았군요!

👍 **Good** 어느 부분이 이해가 안 되나요?

알겠어요, 모르겠어요?

👍 **Good** 이해가 안 간다면 저도 어쩔 수 없어요.

시간 관계상 더 자세히 설명할 수 없겠군요.

받아들이거나 말거나, 이게 제 답변입니다.

무례한 표현 당신이 어떻게 생각하든 상관없이, 저는 전부 말했어요.

회피 19p, 104p / 충고 147p / 사적인 질문 188p

질문에 대답하고 싶지 않을 때

👍 Good · 👍 Best

우회적인 표현 그 문제에 대해 쉬운 답은 없을 것 같습니다.

그 문제와 관련해서는 여러 가지 관점이 있지요.

👍 **Good** 확실한 답은 없어요.

생각해보고 다시 말씀드리죠.

뭐라고 말씀드릴지 모르겠습니다.

미안한데 지금으로선 답변하기 어렵네요.

유감스럽게도, 답변할 수 있을 만큼 충분히 알지 못합니다.

쉽게 설명할 수 없는 문제군요.

그 문제와 관련해서는 여러 주장이 있지요. 저로서도 확실히 뭐가 옳다고 말하기 어렵습니다.

[그것 / 그 질문]은 전문적인 주제이고, 전 그 분야의 전문가가 아닙니다.

논란의 여지가 있는 문제네요.

대답할 수 있을 만큼의 정보를 가지고 있지 않아서요.

자세한 건 잘 모르겠어요.

그 문제에 관해 설명하자면 몇 시간이 걸릴지 몰라요.

확실하지 않은 문제라, 지금은 대답하지 않는 게 좋을 듯하네요.

그 문제를 이해하려면 전문적인 지식이 필요할 거예요.

매우 중요한 문제로군요. 대답하기 전에 시간이 좀 필요합니다.

대답하자면 매우 복잡해요. 솔직히 말해, 들어도 이해하기 어려울 거예요.

그 문제에 좀 더 시간을 [투자 / 할애]하고 싶은데, 지금은 좀 힘드네요.

전 그 문제에 답할 만큼의 전문가가 아니에요.

(그건) 제 분야가 아닙니다.

당장은 그 문제에 관해 답하지 않는 게 좋겠군요.

그 문제와 관련해선 이야기하기가 쉽지 않군요. 다른 주제로 넘어가죠.

그 문제와 관련해서는 아무런 의견도 갖고 있지 않아요.

이런 얘기에 끼고 싶지 않군요.

그 문제에 대해서는 누구와도 얘기하지 않기로 했습니다.

그 문제에 대해서는 그만 얘기하죠.

설령 할 이야기가 있더라도, 여기서는 말하지 않을 겁니다.

이런 시기에 [그것 / 그런 질문]은 중요하지 않아요.

당신이 생각하는 만큼 간단한 문제가 아니에요.

저를 존중하는 마음이 조금이라도 있다면 그런 질문은 하지 마세요.

저로선 (그 문제와 관련해) 부인할 수도, 인정할 수도 없어요.

답변하지 않겠습니다.

다른 사람에게 물어보세요.

요점 167p / 거절 186p / 주의 환기 192p

다시 말해달라는 요청을 받았을 때

👍 Good · 👍 Best

좋습니다. 기꺼이 다시 말씀드리죠.

기꺼이요!

Best 혹시 내가 너무 작게 말했거나 속도가 빨랐나요? 그랬다면 미안합니다. 기꺼이 다시 말씀드리죠.

원한다면 천 번이라도 다시 말씀드리죠.

다시 말씀드리겠습니다.

한 번 더 말하겠습니다.

그러죠, 여기 정말 시끄럽죠? 지방방송이 심하네요!

이해하는 데 도움이 된다면야 몇 번을 반복해도 상관없어요.

필요하다면 더 자세히 설명할게요.

Good 한 번 더 쉽게 설명할게요.

내 말을 제대로 듣지 못한 게 분명하군요.

누구 마이크 가진 사람 없어요?

반복하는 걸 좋아하진 않지만, 지금은 필요할 것 같군요.

문서로 다시 확인하는 게 좋을 것 같군요.

아마 나중에 다시 이 건에 대해 말할 기회가 있겠지요.

여기 있는 다른 분들에게 시간 낭비가 될 수도 있겠지만, 여하간 다시 말씀 드리죠.

죄송하지만, 다시 말하기엔 시간이 부족합니다.

미안한데, 다시 말할 시간이 없어요.

주변이 너무 시끄러워서 다시 말해도 도움이 되지 않을 듯하네요.

👍 Good 제 입장만 되풀이하면 더 혼란스러워질 것 같아 걱정입니다.

제 입장을 되풀이하는 게 혼란만 가중시킬 것 같아 걱정입니다.

다시 말해봤자 방해만 될 것 같군요.

제 의견은 충분히 이야기했습니다.

되풀이할 필요가 없을 만큼 분명히 말했습니다.

다시 말해달라니, 다른 사람들에 대한 배려가 부족하군요.

(당신이) 처음부터 제대로 들었다면, 반복할 필요가 없을 텐데요.

처음 얘기했을 때 잘 들었어야죠.

한 번 더 말할 테니, 집중하세요.

반복하는 건 무의미합니다.

애프터서비스는 제 전문이죠.

농담조로 귀 청소 좀 해요!

무례한 표현 · 농담조로 귀가 먹었어요?

LEADER
PHRASE
BOOK

위대한 일은 위대하길 두려워하지 않는 사람들에 의해 이루어진다.
— 페르난도 플로레스(Fernando Flores)

Situation
8
팀 또는 부서 내에서

회사는 기본적으로 사람들이 모여 일을 도모하고 성과를 내는 곳이다. 당연히 커뮤니케이션이 중요할 수밖에 없다. 특히 관리자급 이상의 리더에게는, 자신의 일만 하면 됐던 시절과는 달리 조직 내에서 원활한 커뮤니케이션을 도모하는 역할이 주어진다. 한편 리더가 되기를 꿈꾼다면, 리더처럼 말하는 방법을 배우는 것은 매우 중요하다. 직위의 높고 낮음에 상관없이 모두 명심해야 할 직장 내 커뮤니케이션 기술을 살펴보자.

첫째, 긍정적으로 이야기하라.

가능성 낮은 주제에 대해 이야기하더라도 긍정적인 사람은 늘 해결책을 찾으려 노력한다. 반면 부정적인 사람은 어려움을 있는 그대로 보고하면 된다고 생각한다. 이런 사람의 보고서에는 해결방법에 대한 아이디어는 존재하지 않는다. 결국 투덜이로밖에 보이지 않을 것이다.

둘째, 말하기 전에 먼저 생각하라.

입에서 나오는 대로 말하지 마라. 생각 없이 성급하게 말하는데 실수하지 않을 수 있겠는가? 타인에게 상처를 주거나, 동료의 사기를 꺾거나, 심지어는 기밀정보를 유출하게 될지도 모른다. 말하기 전에 생각을 정리한다면 후회하거나 오해받을 일이 줄어들 것이다. '말하기 전에 입안에서 혀를 일곱 번 굴려라' 라는 프랑스 속담을 명심하라!

셋째, 새로운 일을 시작하기 전에는 반드시 머릿속을 정리하라.

인정한다. 오늘날 세상은 그야말로 전광석화 같은 속도로 변화하고 있다. 그러다 보니 어떤 프로젝트는 '신사업' 등의 명패를 달고 성급하게 일이 추진되기도 한다. 거기에 재빨리 편승하는 것이 이득으로 보일지 모른다. 그러나 일은 결국 성과로 증명되는 법이다. 새로운 일을 시작할 때는 시간 여유를 가지고 여러 가능성과 계획을 정

리하라. 머릿속에 노선도를 세워놓고 뛰어들면 언행 역시 사려 깊고 신중해질 것이
며, 동료들은 믿음직한 사람과 함께 일한다는 느낌을 갖게 될 것이다.

넷째, 스피치는 말솜씨보다 준비가 중요하다.

스피치를 잘하는 사람들의 비결이 궁금한가? 십중팔구 '철두철미한 준비'일 것이다.
아무리 말솜씨가 좋아도 즉석 스피치를 하기는 어렵다. 스피치 전에는 생각을 논리
적으로 정리해 프레젠테이션의 윤곽(outline)을 구체화하라. 인덱스카드를 만들어 사
용하는 것도 좋은 방법이다. 쉽게 분류할 수도 있고 넘기기도 쉽기 때문이다. 만약
대중 앞에 서는 일이 익숙하지 않다면, 친구나 가족 앞에서 연습해보거나 동영상을
녹화해보자. 리허설을 통해 프레젠테이션의 내용과 어휘선택, 말의 속도 등을 점검
할 수 있다. 스피치를 시작할 때는 항상 내용을 간략하게 소개하고, 얼마 동안 진행
할지 미리 알려주어야 한다. 마무리는 긍정적인 코멘트를 사용한다.

다섯째, 품격있는 글을 써라.

서류를 작성하든, 이메일을 보내든 아니면 개인 블로그에 글을 쓰든, 생각을 글로 표
현할 때는 다음의 사항을 명심하기 바란다.

— 독자를 고려하라. 요점을 명확하게 하되 너무 형식적일 필요는 없다. 읽는 이와의
공감대를 찾고, 그가 자신의 글을 어떻게 읽을지 생각하며 써라.

— 문법, 문맥, 철자를 확인하라. 어떤 어휘를 어떻게 사용하느냐에 따라 당신의 이
미지가 달라진다. 또한 자녀나 배우자에게 보내는 문자메시지가 아니라면, 요즘 유
행하는 줄임말을 사용하는 것도 주의해야 한다.

— 내용뿐 아니라 형식도 정리하라. 명확하게 요점을 전달하고 이해를 높이기 위해
머리글 기호와 다양한 글꼴, 굵기, 기울임꼴, 밑줄 등을 적절하게 사용하라.

연봉 인상을 요청하는 방법

👍 Good · 👍 Best

프로다운 표현 잠깐 시간을 내서 제 연봉 수준을 검토해주실 수 있을까요?

입사 이래 급여 인상이 없었습니다. 이와 관련해 확인 부탁드립니다.

담당 업무 외 다른 부가 업무도 하고 있습니다만, 급여는 변화가 없었습니다.

👍 **Best** 입사 때와 비교해 팀원이 줄어서 업무 부담이 커졌습니다. 급여 인상이 필요하다고 생각합니다.

동종업계 연봉 수준을 알아보았더니, 제가 상대적으로 낮게 받고 있더군요.

연봉 협상을 한 지 1년이 넘었습니다.

👍 **Good** 입사 이래 최고의 성과를 내고 있는데, 급여는 그대로입니다.

최소한 물가상승분에 대해서만이라도 연봉인상을 고려해볼 수 있지 않을까요?

아무리 생각해봐도 제 연봉이 오르지 않는 이유를 모르겠습니다. 어떻게 생각하세요?

더 높은 연봉을 받으려면 어떻게 해야 할지, 조언을 구할 수 있을까요?

물론 연봉이 오른다고 스트레스가 사라지진 않겠지요. 하지만 적어도 정당한 대우를 받는다고 느낄 수는 겁니다.

다른 사람들은 모두 저보다 많이 받고 있어요. 이와 관련해 말씀을 나누었으면 합니다.

제 급여는 상향 조정이 필요합니다.

성과 평가와 연봉 협상을 할 때가 되었는데, 언제쯤 가능할까요?

👍 **Good** 제가 맡고 있는 업무를 보면 연봉 인상을 받을 만하다고 생각합니다.

혼자 두 사람 몫을 하고 있습니다. 연봉 인상이 필요하다고 생각합니다.

연봉 인상을 받을 자격이 있다고 생각해요. 동의하지 않으신다면 서운할 것 같아요.

제 업무 성과에 만족하신다면, 실질적인 방식으로 표현해주십시오.

연봉 조정을 해주시지 않으면 그만둘 생각입니다.

급여가 올라가지 않으면 그만두겠어요.

더는 이 일을 못 하겠어요. 연봉을 더 주신다면 모를까.

프로답지 못한 표현 | 급여가 올라가지 않는다면 당장 그만두겠습니다.

설득 21p / 타협 28p / 합의 140p

휴가를 요청하는 방법

Good · Best

공손한 표현 | 괜찮다면, 휴가에 관해 상의하고 싶습니다.

휴가를 다녀왔으면 하는데, 이날 휴가를 써도 괜찮을까요?

Best | 이날 휴가를 신청해도 괜찮을까요?

휴가를 신청하려면 어떤 양식을 작성해야 하지요?

지난달에 휴가 다녀오실 때 어떤 양식을 작성하셨어요?

휴가 신청서가 있다면 작성하고 싶어요.

집안에 급한 일이 생겨서 일주일 정도 휴가를 쓰고 싶어요.

갑자기 급한 일이 생겨서 일주일 정도 휴가를 쓰고 싶어요.

가족 중 한 분이 돌아가셔서 경조휴가를 써야 할 것 같아요.

아이가 곧 태어날 것 같아 출산휴가를 신청하고 싶어요.

몸이 좋지 않아 병가를 내고 싶어요.

어느 정도 근무해야 휴가를 사용할 자격이 생기나요?

요즘 스트레스를 너무 많이 받아 정신건강을 위해 휴가를 써야 할 것 같아요.

휴가를 쓸 자격이 있다고 생각해요. 휴가 신청은 어떻게 하는지 알려주실래요?

연차가 저쯤 되는 분들은 다 휴가를 쓰시던데, 저도 써야겠어요.

제가 왜 휴가를 쓸 수 없는지 모르겠어요. 제 권리잖아요.

미리 말씀드리는데 이날 휴가 다녀오겠습니다.

제가 궁금한 건 휴가를 1주일 가야 하는지 2주일 가야 하는지예요.

제가 아직도 허락 받고 휴가 가야 하는 레벨은 아니지 싶은데요.

무슨 말씀을 하시든 저한텐 휴가 갈 권리가 있고요, 전 그걸 쓸 겁니다.

거절 23p / 경고 46p / 업무 연기 200p

상사의 요구를 거절하는 방법

👍 Good · 👍 Best

알겠습니다. 그런데 이 업무들 중 어느 것을 먼저 처리하란 말씀이지요?

이미 지시하신 다른 일들은 어떻게 할까요?

도움이 돼 드리고 싶은데, 지금은 손쓸 틈이 없습니다.

제가 지금 해야 할 일이 너무 많아서 그런데, 혹시 다른 사람에게 맡기실 순 없을까요?

이 일을 하게 되면 제 업무에 지장이 생길 것 같습니다.

그렇게 많은 일은 감당할 자신이 없습니다. 죄송합니다.

저도 손이 열 개라면 좋겠네요, 죄송해요.

모두의 업무가 이렇게 과중한 상황에서 팀장님의 그런 요구가 합당한 건지 잘 모르겠습니다.

Best 여태껏 두 사람이 맡아온 일입니다. 저 혼자 가능하다고 생각하세요?

[직원 / 인턴]을 한 명 더 채용하면 어떨까요?

제 월급을 더 올려주신다면 하지요.

제게 이 일을 모두 떠맡기시는 건 부당하다고 생각합니다.

일을 배분하는 건 팀장님의 권한이지만, 좋은 방법은 아닌 것 같습니다.

제 직급에서 할 [일이 / 직무가] 아닌 것 같습니다.

팀장님께서 직접 하셔야 하지 않을까요?

Best 팀장님이라면 이 많은 일을 하실 수 있겠어요?

도가 지나치신 것 같은데 그만 하셨으면 합니다.

저는 일하는 로봇이 아닙니다.

도가 지나치신 것 같아 참을 수 없네요.

본인도 하기 싫으신 일을 부하에게 시키시는 건 불공평합니다.

하기 싫은데요.

제가 무슨 팀장님 종인 줄 아세요?

더 이상은 당신 밑에서 일 못하겠습니다!

먼저 지시하신 다른 일을 처리 중인데, 이 일은 어떻게 할까요?

본인에게 이미 주어진 일이 있음을 환기시킴으로써 상사의 기분을 상하지 않게 거절할 때 유용한 문구이다. 더불어 이 일을 하게 되면 앞의 업무에 어떤 차질이 생기는지 간단한 설명을 덧붙이는 것도 방법이다.

사적인 이야기를 피하는 방법

👍 Good · 👍 Best

 **공손한 표현**

지금은 바쁜데 나중에 이야기해도 될까요?

퇴근 후에 만나서 이야기하면 어때요?

👍 **Best** 미안하지만, 그것과 관련해서는 이야기하고 싶지 않아요.

미안하지만, 저에겐 가슴 아픈 이야기라 좀 그래요.

미안하지만, 너무 사적인 질문이네요.

회사에서 이런 이야기는 좀 불편하네요.

👍 **Good** 이런 이야기를 할 [때 / 장소]가 아닌 것 같아요.

다른 사람들이 들을 수도 있을 것 같은데 나중에 이야기해요.

나중에 이야기하죠.

오늘 제가 스트레스받는 일이 많아서요. 나중에 이야기해도 될까요?

회사에서 이야기하기엔 너무 개인적인 주제인 것 같은데요.

이런 이야기할 정도로 한가해 보여요?

공과 사는 구분해주세요.

👍 **Best** 당신과 그런 이야기를 할 이유가 없어요.

👍 **Good** 어떻게 이런 이야기를 해도 괜찮을 거로 생각한 거죠?

우와, 이건 아닌 거 같아요.

공격적인 표현 [비꼬며] 그래요, 당신은 이런 얘기를 할 만한 사람이죠.

> 지금은 좀 그런데, 나중에 얘기하죠.
>
> 거절이라기보다는 회피에 가까운 표현이다. 상대방이 나중에 다시 그 주제를 꺼내 대화를 이어가고자 할 가능성이 있다.

개인면담을 요청하는 방법

👍 Good · 👍 Best

우회적인 표현 괜찮다면 개인적으로 이야기하고 싶은 내용이 있습니다.

개인적으로 말씀 좀 드려도 되겠습니까?

개인적으로 말씀드리는 것이 나을 듯한데요.

다른 사람이 들으면 안 될 것 같아요

Best 개인적으로 잠깐 이야기 나누고 싶습니다.

다른 장소에서 개인적으로 이야기해도 될까요?

혼자 계실 때 말씀드리는 것이 좋을 듯합니다.

Good 긴히 상의할 문제가 있어요.

좀 더 [조용한 / 아무도 없는] 곳으로 갈까요?

하던 일을 멈추고 잠깐 볼 수 있을까요?

Good 조용히 의논할 만한 장소가 있나요?

이런 이야기는 좀 더 조용한 곳에서 해야 할 것 같습니다.

이건 우리끼리 해야 할 이야기이니 다른 데로 갑시다.

내 사무실로 갑시다, 따라오세요.

따라오세요.

이건 공개적으로 할 이야기가 아니에요.

다른 사람들 앞에서 이야기하고 싶지 않아요.

직설적인 표현 단둘이 할 얘기가 있어요.

189

사적이거나 곤란한 이야기를 시작하는 방법

👍 Good · 👍 Best

우회적인 표현

긴밀히 상의할 게 있는데, 잠깐 이야기할 수 있을까요?

누구와 상의해야 할지 모르겠어요. 잠깐 이야기 좀 할 수 있을까요?

문을 닫아도 될까요? 개인적으로 의논할 게 있어요.

👍 Good 개인적으로 의논할 게 있는데, 시간 좀 있어요?

꼭 상의해야 할 일이 있어요.

이런 말 하기 힘들지만, 도움을 주신다면 정말 감사하겠습니다.

개인적인 일이긴 한데, 자네가 날 좀 도와주게.

좀 창피한 일인데, 믿고 이야기할게요.

의논할 일이 생겼어요.

👍 Best 실은, 당신에게 털어놓을 게 있어요.

개인적인 일이지만, 당신을 친구라고 생각하고 이야기할게요.

이렇게 의논할 만한 일이 없었는데, 시간 좀 있어요?

이해해줄 사람은 당신뿐이에요.

👍 Good 지금부터 제가 하는 이야기는 비밀로 해주세요.

의논할 게 있는데 비밀로 해야 해요.

뭐라 말해야할지……. 그냥 털어놓을게요.

이 이야기는 무덤까지 가지고 가야 해요.

들으면 좀 난처할 텐데, 들어줄래요?

이런 이야기하는 것이 적절치 않은 거 알지만…

너무 입이 가볍다고 생각할지 모르지만…

끝까지 들어주세요.

동기 부여 209p / 성과 독려 210p

부하직원 또는 동료의 자신감을 높이는 방법

👍 Good · 👍 Best

탁월한 일 처리야! 내 자리를 뺏길까 걱정될 정도인데!

자네가 없었을 땐 이 일을 도대체 어떻게 했을까?

어떻게 못 하는 게 하나도 없어?

Best 자네한테 맡긴 일에 관해선 걱정할 필요가 없어.

자네의 능력을 전적으로 믿고 있네.

타고났군, 그래!

Good 자네야말로 이 일의 최적임자지.

할 수 있다는 걸 알아.

자네는 우리 회사 최고의 인재 중 한 명이야.

자네의 일 처리 능력은 존경스러울 정도야.

Good 자네 실력은 모두가 알지.

자네라면 실수 없이 할 수 있어.

자네는 한 번도 날 실망하게 한 적이 없네.

어디 실수한 적이 한 번이라도 있었던가?

자네는 내 최고의 선택이라네.

자네는 마음만 먹으면 산도 움직일 수 있을 사람이야.

Best 자네라면 충분히 해낼 수 있을 거야.

결과를 만들어낼 시점이라네.

자네가 어떤 사람인지 보여줄 차례야.

전에는 더 어려운 일도 해냈잖아.

걱정 마. 잘할 수 있다는 거 알잖아.

자네를 칭찬하는 사람들이 얼마나 많다고. 그 사람들을 실망시키지 말게.

신중한 표현 중요한 건 자기 자신을 믿는 거야.

주제 환기 80p / 화제 변경 170p / 분위기 환기 198p

주의를 환기시키는 방법

👍 Good · 👍 Best

우회적인 표현 이야기 도중에 미안하지만, 주목해주실래요?

방해하고 싶지 않지만, 이 문제에 대해서 어떻게 생각하세요?

물어볼 게 있는데 잠깐 시간 좀 내주시겠어요?

정말 간단한 질문이 있어요.

몇 가지 중요한 문제와 관련해 의논했으면 하는데요.

잠시 주목해주시겠습니까?

제 말 잘 들리십니까?

제 이야기 듣고 계세요?

중요한 일이니 잠시 집중해주세요.

확실히 제 이야기에 집중하지 않고 계시네요.

죄송하지만 조금 산만해 보이네요.

내 말을 안 듣고 있군요.

내가 잘못 전달하고 있나요?

지금부터 정말 중요한 얘기를 할 테니, 들어주세요.

Best 잠깐 집중해주실래요?

어때요, 방금 제가 한 이야기에 관심이 생기나요?

말할 때마다 들어달라고 해야 하나요?

지금 이야기하고 있는 것 안 보여요?

저 혼자 이야기하고 있는 것 같군요.

내 이야기에 관심이 없어 보이는군.

제가 벽이랑 이야기하고 있나요?

제가 이야기할 땐 저를 좀 봐주세요.

[농담조로] 5분 정도 시간 괜찮을 때 알려주세요.

시간 낭비하고 있는 기분이네요.

차라리 돌하고 이야기하는 게 더 잘 통할 것 같아요.

[농담조로] 여기 아무도 없어요? 내가 지금 누구랑 이야기하고 있는 거죠?

[직설적인 표현] [농담조로] 누가 저 친구한테 ADHD(주의력결핍장애) 치료약 좀 갖다 줘요.

업무를 부탁하거나 지시할 때

👍 Good · 👍 Best

~[을 / 를] 해줄 수 있을까요?

이 일을 해주실 수 있을까요, 아니면 그냥 제가 할까요?

이번 일 맡아볼래요?

○○ 씨가 관심 가질 법한 일이 하나 있는데.

이 일을 맡아줄 방법이 없을까?

Best 혹시 다른 일을 더 해볼 생각 있어요?

저 좀 도와주실래요?

잠깐 시간 있으세요?

새로운 일에 한 번 도전해보는 건 어때요?

이것 좀 해주실래요?

부탁 좀 해도 될까요?

부탁할 게 있는데 오래 걸리진 않을 거예요.

새 업무를 맡았는데 한 번 봐주실 수 있어요?

~해도 괜찮을까요?

오래 걸리진 않을 거예요.

한 번 봐주시면 많은 도움이 될 것 같아요.

자네에게 중요한 업무를 맡기려고 해.

Good 해주셔야 할 일이 하나 더 있어요.

감당할 수 있겠어요?

> 자네한테 맡긴 일에 대해서는 걱정해본 적이 없어.
> 중요한 업무가 있는데, 자네가 한 번 맡아보는 것이 어떤가?

부하직원에게 새로운 업무를 맡길 때는 '부하직원(동료)의 자신감을 높이는 방법'(191p)에서 열거한 긍정적 구문들을 함께 사용하자. 동기 부여와 더불어 업무배치가 가능하다.

~[을 / 를] 한다면 보너스를 주지.

만약 이 일을 맡아준다면 [추가수당을 약속하지. / 승진을 약속하지.]

○○월 ○○일까지 마무리돼야 하는 일이에요.

~[을 / 를] 믿고 맡겨도 될까요?

Best ○○월 ○○까지 일을 끝내주셨으면 해요.

해야 할 일을 매번 알려줘야 하나요?

일을 할 땐 책임감을 가지고 임해주세요.

아직 안 했단 말이에요?

어제가 마감일 아니었나요?

비꼬며 아직도 하고 있어요?

Best 이건 부탁이 아니라 지시예요.

직설적인 표현 당장 나가서 처리하지 않고 뭐해?

논의 134p / 연설 137p / 대화 159p

회의를 시작할 때

Good · Best

공식적인 자리에서 모두 자리에 앉아 주시겠습니까? 

중요한 사안을 앞두고 의논 드리고자 자리를 마련하게 되었습니다.

모두 자리에 앉아 주시기 바랍니다.

본론으로 들어가 볼까요?

오늘 이 자리에 모인 목적을 다시 한번 말씀드리겠습니다.

Good
이 안건에 대해 의논해보죠.

오늘 회의 일정입니다.

오늘 회의 일정은 ~입니다.

오늘 회의 일정을 말씀드리겠습니다.

오늘 우리가 이 자리에 모인 이유는 ~입니다.

Best
본격적인 회의에 앞서 간략히 일정을 말씀드리겠습니다.

모두 오셨으면 회의를 시작하겠습니다.

회의를 시작할 시간이 되었으니 모두 집중해주시기 바랍니다.

이번 회의 안건은 ~입니다.

오늘 회의 안건에 대해 논의해 봅시다.

[복잡한 / 어려운] 문제부터 다뤘으면 좋겠습니다.

먼저 오늘 논의해야 할 문제에 대해 알아봅시다.

오늘 이 자리에 모인 이유는 다들 아시리라 생각합니다.

오늘 논의할 안건에 대해 먼저 간단하게 설명드리죠.

지금 시작하지 않으면 내일 또 모여야 합니다.

늦게 시작하면 할수록, 회의는 길어집니다.

서둘러서 회의를 시작합시다.

지금 회의를 시작해도 될까요?

이제 회의를 시작할까요?

시간이 금이에요! 어서 시작합시다.

회의 시작하기 기다리다가 몇 년은 늙은 것 같아요.

편안한 자리에서 [농담조로] 올해 안에 시작하긴 하는 거죠?

회의를 마무리할 때

👍 Good · 👍 Best

| 공식적인 자리에서 | 여러분의 동의하에 회의를 잘 마친 듯합니다. |

이렇게 참석해서 좋은 의견 주신 데 감사드립니다.

오늘 회의에서 결정된 사안에 대해 모두 만족하는 것 같군요.

Best 다뤄야 할 사항들은 다 논의한 것 같은데, 이만 회의를 마칠까요?

이 문제는 [다음 주 / 다음 달 / 내년]에 다시 의논하도록 하지요.

오늘 나왔던 이야기는 각자 다시 생각해보시고, 일단 해산합시다.

모두 수고하셨습니다.

오늘 회의가 잘된 것 같아요.

오늘은 이 정도면 충분한 것 같은데요?

Good 다음 회의 때까지 나머지 사안들을 논의해 봅시다.

결론이 나지 않을 것 같은데 오늘은 그만 하죠.

회의가 길어지면 스트레스만 커질 것 같아요.

이렇게 이야기하다가는 결론이 나지 않을 거예요.

오늘은 이만하죠.

Good 휴식시간을 좀 갖죠.

회의에서 내가 할 일은 끝났어요.

회의가 끝났네요!

Good 전 이만 가보겠습니다!

저녁 먹으러 나랑 같이 갈 사람?

편안한 자리에서 — 퇴근시간 다 됐어요!

회의가 산만해질 때

👍 Good · 👍 Best

우회적인 표현	새로운 아이디어는 고맙지만, 지금은 현재의 의제에 집중해주시면 더 감사하겠어요.

그것도 맞는 말이지만, 일단은 하던 이야기로 돌아갑시다.

무슨 이야기인지는 알겠는데, 지금은 이 주제에 집중합시다.

아이디어는 맘에 들지만, 일단은 하던 이야기 계속합시다.

👍 **Best** 오늘 논의할 주제에 집중합시다.

회의 주제에서 벗어난 것 같네요.

아시다시피 이번에 우리가 모인 목적은 ~입니다.

우리가 모인 목적은 ~(이)라는 것을 잊지 말아 주세요.

이야기의 요지는 ~입니다.

일단 다시 돌아와서 원래 하던 이야기를 마저 끝냅시다.

주제에 집중합시다.

이 얘기 저 얘기하느라 정작 핵심 내용을 다루지 못하면 되겠어요?

👍 **Good** 이러다간 죽도 밥도 안 될 거예요.

사소한 부분에 집착하지 맙시다.

다른 이야기로 새지 마세요.

주제에서 벗어나 있어요.

주제에 집중하면 좋겠군요.

우리 제발 요점에 집중하자!

(이야기가) 주제에서 점점 멀어지는 것 같아요.

각자 다른 이야기를 하고 있는 듯하네요.

점점 더 주제를 벗어나고 있는 것 같네요.

주제에서 완전히 벗어나 있는 거 알아요? 처음부터 다시 시작하죠.

완벽히 딴 이야기네요.

완전히 핵심에서 벗어났어요.

이야기가 삼천포로 빠졌잖아!

회의가 산으로 가고 있잖아!

타협 28p / 합의 140p / 제안 145p

방안을 제시하는 방법

👍 Good · 👍 Best

동의하든 안 하든 이 방법뿐이에요.

이것 말고는 다른 대안이 없어요.

이 방법이 유일한 해결책이에요.

~하는 것을 피할 방법이 없네요.

~[을 / 를] 해야 할 시간이 온 것 같아요.

다음과 같은 사항들이 필요하다고 생각합니다.

다음 과제를 논의해야 할 때예요. 그건…

많이 생각했는데, 역시 ~[이 / 가] 최선의 방법인 것 같습니다.

이 문제에 대한 해결책으로 ~[을 / 를] 제안합니다.

실행 가능한 해결책을 찾은 것 같아요.

방법이 생각났어요. 설명해볼게요.

다른 [부서는 / 기업은] 이런 상황에서 ~[을 / 를] 했었어요.

전문가들의 견해에 따르면…

다양한 관점에서 생각해볼 수 있어요.

문제를 해결하는 데는 여러 방법이 있을 겁니다. 그 중 하나는…

목적을 달성하는 데는 여러 방법이 있습니다. 제 생각에는…

가능한 모든 방법을 강구해야겠지만 ~도 하나의 방법이 될 수 있을 것 같아요.

해결방법을 찾을 수 있을지도 모르겠어요.

맞을지 모르겠지만, 방법이 생각났어요.

~[을 / 를] 할 경우의 장단점에 대해 논의해볼까요?

다들 ~[을 / 를] 해보는 거에 대해 어떻게 생각하세요?

이 제안에 대해 어떻게 생각하세요?

괜찮다면 ~[을 / 를] 제안하고 싶습니다.

제가 잘못 생각했을 수도 있지만, ~[을 / 를] 해보면 어떨까요?

이건 안 될 것 같아요. 혹시 ~[을 / 를] 해보면 어떨까요?

거절 23p, 186p / 회피 106p

업무를 미루는 방법

👍 Good · 👍 Best

처리해 드리고 싶은데 지금은 너무 바빠서요.

Good 지금은 너무 바빠서요, 나중에 논의할 수 있을까요?

이 문제는 [다음 주 / 다음 달 / 내년]쯤 시간을 따로 정해서 논의하는 게 좋을 것 같아요.

그 문제는 ○○일에 이야기하는 게 좋겠어요.

Best 시간을 조금만 미뤄도 괜찮다면 ○○[일 / 시]까지 하도록 하겠습니다.

시간이 될 때 할게요. 약속해요.

죄송하지만, 지금 당장은 이 일을 할 시간이 없어요.

지금은 도저히 할 수 없을 것 같은데, 나중에 처리해도 될까요?

Good 죄송하지만 기한을 좀 미뤄야 할 것 같아요.

나중에 할 수 있을 것 같긴 한데, 장담은 못해요.

중요한 일인 건 알지만, 나도 해야 할 일이 있다고요.

다음에 다시 오세요.

일단은 좀 두고 보는 게 어때요?

Good 있다 처리할게요.

시간 날 때 처리할게요.

내 일정을 관리하고 있는 건 아니죠?

오늘은 힘들겠고, 나중에 하게 되면 알려줄게요.

이 일은 무리예요, 지금은 때가 아니군요.

Good 부탁을 들어줄 만한 [시간이 / 여유가] 없어요.

직설적인 표현 다음 주에 다시 얘기해줄래요?

대화를 피하는 방법

👍 Good · 👍 Best

정중한 표현 이 문제와 관련해서는 [다음 주 / 다음 달]에 시간을 따로 잡아 보죠.

👍 **Good** 이 이야기는 나중에 하는 게 좋겠어요.

이 이야기는 나중에 더하도록 하죠.

이 문제는 [다음 주 / 다음 달]까지 미뤄두죠.

👍 **Good** 모든 상황을 파악한 후에 [○○시 / 다음 주 / 다음 달]에 다시 이야기해요.

이 문제는 심각하게 생각할 필요가 있겠어요. 좀더 알아본 후에 다시 논의합시다.

지금은 제가 정신이 좀 없어서요, 있다 다시 얘기하는 게 어때요?

그 문제에 대해서는 좀 더 고민해보고 이메일로 답변 드릴게요.

좀 더 생각해본 후에 연락 드릴게요.

우선 생각 좀 해보겠습니다.

문제에 대해 좀 더 알아본 후에 이야기해야 할 것 같아요.

필요해지면 얘기해요. 아직은 아니에요.

👍 **Best** 나중에 다시 이야기합시다.

생각해볼게요.

그 이야기는 [○○시 / 다음 주 / 다음 달]로 미룹시다.

이런 이야기를 할 만한 시기가 아닌 것 같아요.

지금으로선 더 할 말이 없네요. 나중에 다시 이야기합시다.

나중에 이야기해야 할 것 같아요.

이건 나중에 다시 논의하는 게 어때요?

이 이야기를 지금 꼭 해야 하나요?

오늘은 계속 이야기해봤자 소용없을 것 같네요.

다음에 이야기하자고 말했네.

지금 당장은 방법이 없네요.

지금은 대화할 시간이 없어요.

정말 내가 자네와 이 문제에 대해 이야기할 거로 생각하나?

그만 좀 괴롭혀요. 준비가 되면 이야기할 테니까요.

의사 결정을 미루는 방법

👍 Good · 👍 Best

서두른다고 일이 되는 건 아니죠. 이 문제에 대해서는 좀 더 생각해봅시다.

서두르다 실수할 수도 있어요. 좀 더 시간을 두고 올바른 방법을 찾도록 합시다.

시간을 갖고 생각해봅시다.

지금 당장 결정할 필요는 없어요.

좀 더 생각할 시간을 가지죠. 그게 좋겠죠?

결정하기 전에 한 발 물러서서 다시 생각해봐야 할 것 같아요.

일단은 보류합시다.

나중에 결정해도 괜찮을 것 같아요.

다시 한 번 분명하게 생각해보고 연락할게요.

 Good 언제까지 대답해야 하나요?

나중에 의견 드릴게요.

나중에 다시 논의해봅시다.

결정하기 전에 좀 더 문제를 분석해봐야 할 것 같아요.

깊게 생각해보고 다시 이야기합시다.

통 진전이 없는 것 같은데 나중에 다시 이야기해요.

상황이 조용해지면 그때 이야기합시다.

지금은 이 문제를 논의할 때가 아닌 것 같네요.

 Good 잠시 생각할 시간을 가져보죠.

이 문제는 나중에 이야기합시다.

때가 되면 그때 이야기합시다.

Good 시간에 쫓겨 결정하지는 맙시다.

무례한 표현 지금은 아무 결정도 안 할 거니 더 이상 물어보지 말게.

생각 유도 103p / 의사 결정 연기 203p

진행 속도를 늦추는 방법

Good · Best

정중한 표현 의사 결정을 내리기 전에 모든 가능성을 검토해야 한다고 생각합니다.

이렇게 중요한 사안은 충분한 시간과 관심을 가지고 결정할 필요가 있습니다.

열정은 이해하지만 충분히 여유를 두고 결정합시다.

신속한 의사 결정도 중요하지만 서둘러서는 안 됩니다.

일을 완벽하게 해내려면 충분한 시간이 필요하다고 생각합니다.

Best 이 문제에 관해 곰곰이 생각할 시간을 가지는 것이 어떨까요?

너무 성급하게 결정하면 오히려 불리할 것 같습니다.

익지도 않았는데 장독 뚜껑을 열었다 닫았다 하면 내용물만 상해요.

시간을 두고 이 문제에 대해 생각해보죠.

아직 시간이 충분하니까 차근차근 해봅시다.

너무 서둘러서 일을 망치고 싶지 않아요.

의사 결정을 하기에는 아직 이른 것 같아요.

아직 시간이 충분하니 걱정할 필요 없어요.

일할 때 그렇게 서두르면 안 돼요.

Good 모든 일에는 다 때가 있는 법이에요.

서둘러서 잘 되는 경우는 드물어요.

왜 이렇게 서둘러요? 아직 시간은 충분해요.

의사 결정을 하기엔 아직 이른 것 같아요.

이 속도로 계속 진행하다가는 틀림없이 실수하고 말 거예요.

Good 섣불리 결정하면 후회하기 마련입니다.

뭘 잘 모르는 사람들이나 서두르죠.

머리 좀 식히고, 조금만 천천히 할까요?

걱정할 필요 없어. 서두르지 말라고.

이 속도로 일을 진행하는 건 정말 미친 짓이에요.

Best 급할수록 돌아가라고 했습니다.

충동적인 결정은 전혀 도움이 되지 않아요.

내가 자네라면 좀 더 천천히 할 것 같아.

걸어가도 되는데 왜 뛰어요?

쫓아오는 사람 없으니 천천히 해요.

Good 행동하기 전에 먼저 생각하고, 또 생각해봐요.

브레이크 좀 잡으면서 가죠?

워워, 천천히 합시다.

무례한 표현 | 어디 불났어요?

자신감 191p / 동기 부여 209p

단합을 이끌어내는 방법

👍 Good · 👍 Best

격려하는 표현 | 모두가 한마음이 되어 일할 때 비로소 성공할 수 있을 겁니다.

공동의 비전을 가지고 있다면 아무도 우리를 막을 수 없을 거예요.

Good 모두 한마음으로 공동의 목표를 향해 일한다면, 어떤 어려움도 극복할 수 있을 겁니다.

우리는 모두 한 팀이잖아요. 힘냅시다.

우리 모두 뜻을 모은다면 분명히 성공할 겁니다.

같은 목표를 가지고 나아간다면 분명히 성공할 겁니다.

혼자서 만들 수 있는 미래는 없습니다.

함께일 때 더욱 강해질 수 있습니다.

백지장도 맞들면 낫다는 말이 있어요.

다른 어떤 부서보다도 우리 부서의 결속력이 강하다고 믿습니다.

이런 변화에 어떻게 대응하느냐에 따라 우리의 내일이 달라질 겁니다.

Best 힘을 합쳐 함께 나아갑시다.

우리 모두 ~(이)라고 생각해요.

우리 모두의 생각을 모으면 최선의 방법을 찾을 수 있을 겁니다.

여러분과 함께 이 문제를 해결했으면 합니다.

다 함께 큰 그림을 그려봅시다.

모두 하나가 되어 나아갑시다.

회사의 이익이 우리의 공동목표가 되어야만 합니다.

하나가 되어 일을 수행한다면 분명 성공할 겁니다.

우리의 협동심을 보여줄 때가 되었습니다.

Good 모두 힘을 합친다면 일을 일찍 마칠 수 있을 거예요.

공동의 목표를 가진다면 앞으로 문제가 생기는 걸 방지할 수 있습니다.

뭉치면 살고 흩어지면 죽는다는 말이 있어요.

내분이나 권력싸움은 도움이 안 돼요.

회색분자나 어중간하게 일하는 사람은 필요 없습니다.

Good 회사에서는 개인의 일보다는 공동의 업무가 우선이에요.

협력해서 일하거나, 아니면 나가세요.

겁을 주는 표현 반대의견은 받아들일 수 없어요.

상사에게 아부하는 방법

👍 Good · 👍 Best

| 과장된 표현 | 부장님은 제게 스승과 같으세요. 부장님 그림자도 밟지 않겠습니다. |

제가 본 중 가장 존경스럽습니다. 제 롤모델이십니다.

Good 지금까지 본 [보고서 / 브리핑 / 분석 / 업무] 중 최고예요!

그걸 이렇게 처리하시다니 정말 놀랍습니다.

업무처리하시는 걸 보면 그저 놀랍습니다.

업무처리하시는 걸 곁에서 볼 수 있어 좋습니다.

Best 매일 부장님께 많이 배우고 있습니다.

역시 탁월하십니다!

부장님의 확고한 [태도 / 의지 / 근면성]에 감명받았습니다.

같은 팀으로서 함께 일할 수 있어 자랑스럽습니다.

부장님처럼 능력 있는 분도 드물 거예요.

주제넘은 말씀일지도 모르겠습니다만, 이번 일 처리는 정말 최고였습니다.

예상대로 결과가 나온다면, 분명 승승장구하실 겁니다.

Good 부장님과 같은 팀이어서 정말 자랑스러워요.

제가 부장님만큼 일할 수 있으면 분명 성공할 텐데요.

역시 부장님은 항상 성과로 능력을 증명하시는군요 .

인정받으실 만합니다.

다른 직원들도 부장님만큼만 열정을 쏟아준다면, 이번 프로젝트도 분명 성공을 거둘 텐데요.

Good 모두가 부장님만큼만 열심히 일한다면 우리 회사는 업계 선두가 될 겁니다.

덕분에 다시 한번 자신을 돌아보게 되네요.

항상 그러시듯, 이번에도 잘하셨습니다.

동기를 부여하는 방법

👍 Good · 👍 Best

자네는 최고의 동료야. 계속해서 힘내주길 바라네!

보너스가 나올 것 같아. / 임금이 인상될 것 같아. / 승진할 것 같아.

Best 계속 열심히 하면 분명히 성과를 거둘 거야 .

절대, 절대 포기하지 마세요!

지금이 본격적으로 일하기 가장 좋은 시기인 것 같아요.

한 걸음씩 나아갈 때마다 격려하며 지켜보고 있어요.

Good 결승점에 거의 다 왔어요.

정말 자랑스럽네. 계속 열심히 해주게나.

우린 함께 일할 때마다 항상 좋은 결과를 만들어 왔어.

아직은 멈출 때가 아니야. 끝까지 가봅시다!

조금만 더 견디자고. 힘든 시간은 곧 지날 걸세.

Good 천 리 길도 한 걸음부터야!

목표를 절대 잊지 말게.

곰곰이 생각해봐요. 앞으로 무엇을 이뤄내고 싶은가요?

분명 원하는 대로 될 거예요.

얼마나 열심히 하고 있나요?

쉬지 않고 해야 해요.

자네에게 회사의 미래가 달려있어. 실수하지 말게.

힘들다는 건 그만큼 고지에 가까워졌다는 의미야. 힘을 내게.

👍 Good 조금씩 성과를 만들어내고 있지만, 아직은 멀었어.

일을 열심히 하는 것도 좋지만, 잘하는 것도 중요해.

최선을 다하지 않으면 일을 끝내지 못할 거야.

계속 전진하는 수밖에 없어요.

👍 Good 회사에서도 자네에게 거는 기대가 크네. 노력해줬으면 해.

다음 번에는 더 잘할 수 있으리라 믿어요.

매일 매 순간 지켜보고 있단 걸 잊지 말게.

일을 했으면 성과를 가지고 오게.

 제대로 못할 거면 나가!

힘든 동료 41p / 충고 145p / 동기 부여 209p

직원이 성과를 내지 못할 때

👍 Good · 👍 Best

 일이 많이 힘들어요? 제가 도와줄 수 있을 것 같은데 한 번 털어놔 봐요.

무슨 고민 있어요? 하고 싶은 이야기 있으면 솔직하게 털어놔 봐요.

👍 Best 요새 무슨 일 있어요? [정신이 없어 보여요. / 의욕이 없어 보여요.]

최근에 성과가 제대로 나지 않는 것 같은데, 혹시 무슨 문제 있나요?

마음을 가다듬을 시간이 조금 필요할 것 같군요.

👍 Good 지금보다 더 잘할 수 있다는 걸 본인이 잘 알고 있잖아요.

능력을 인정받으려면 일단 성과를 내는 게 중요해요.

이렇게 잠재력이 있는데 왜 실패할까요?

요즘 보여주는 것보다 더 잘할 수 있는 거 알아요.

이렇게 부진해서야, 자네답지 않아.

👍 Good 요즘 성과가 부진한데, 무슨 문제 있어요?

이제 능력을 보여줄 때도 되지 않았나요?

다른 팀원들이 자네 업무를 돕고 있어. 이게 자네가 원하는 건가?

자네 업무 일부를 다른 팀원들에게 나눠줘야 할 판이야. 대체 왜 이렇게 된 건가?

👍 Good 자네에게 거는 기대가 크다는 걸 기억해두게.

회사에서는 결과에 대해 책임을 져야 해.

요즘 무슨 일 있어요?

부장님이 자네를 주시하고 있어.

좀 더 책임감을 가지고 업무에 임해줬으면 해요.

우리 모두 자네에게 거는 기대가 커. 지켜보고 있단 걸 잊지 말게.

모두가 자네에게 기대를 걸고 있지만, 그 기대가 영원히 지속되지 않을 걸세.

이렇게 성과가 부진하면 경고가 갈 수밖에 없어요.

다른 사람들이 자네에 대해 이야기하는 걸 들었네. 이제부터라도 제대로 하는 게 좋을 거야.

지금 당장 부진한 성과에 대해 해명해보게.

월급 값은 해야죠.

속도를 맞추지 못하면, 계속 같이 일할 수가 없어요.

○○일까지 성과를 보여주지 못하면, 해고당할 거요.

지적 139p / 소식 162p / 성과 210p

직원을 해고하는 방법

👍 Good · 👍 Best

유감스럽게도 같이 일할 여건을 제공할 수가 없습니다.

Best
더 이상은 같이 일할 방법이 없는 것 같아요.

미안하지만, 나가줘야겠어요.

다른 곳에서 더 잘할 수 있을 거예요.

현명한 분이니, 이 상황을 잘 이겨내리라 믿습니다.

마음만 먹으면 언젠가는 유능한 사원이 될 수 있을 거예요.

Good
업무 성과에 대해 진지하게 이야기해 봐야 할 것 같군요.

오늘이 우리 회사에서 일하는 마지막 날일 것 같군요.

유감스럽지만, 자네를 내보낼 수밖에 없네.

도우려고 최선을 다했지만 아직도 원하는 성과가 나오지 않네요.

자네는 회사규정에 어긋나는 일을 했어. 어쩔 수 없군.

자네가 저지른 실수 때문에 나까지 해고될 수는 없어.

Good
자네가 저지른 일은 도저히 그냥 넘길 수가 없어. 그에 대한 책임을 묻고 회사에서 내보낼 수밖에.

212

회사 규정을 어겼으니 대가를 치러야지요.

해고밖에는 선택이 없네요.

👍 Good 개인적인 의견이나 감정 때문은 아니에요. 단지 업무상 문제일 뿐이에요.

지금 회사가 자네에게 어떤 처분을 내려야한다고 생각하나?

○○ 씨에게 있는 ~한 문제로 인해 부득이 해고할 수밖에 없습니다.

회사의 규칙이 있음에도 불구하고 ○○ 씨가 이렇게 오래 회사를 다니도록 놔뒀다는 게 부끄럽군요.

성격은 좋지만 [절제력 / 열정]이 없어요. 이 문제 때문에 해고를 결정할 수밖에 없었습니다.

~한 점이 우리 회사와는 맞지 않는 것 같아요.

이런 상황까지 오게 하다니 놀랍네요.

👍 Good 저도 참는 데 한계가 있어요.

👍 Good 미안하지만, 당신은 해고예요.

오래 고민한 끝에 내린 결론입니다. 나가주세요.

우리는 지향하는 바가 많이 다른 것 같아요. 서로 갈 길을 갑시다.

자네는 이 업계에서 끝일 걸세.

더는 자네 꼴을 봐줄 수가 없어.

당신은 이제 끝났어.

프로답지 못한 표현 여기서 꺼져.

해고를 통보할 때 불만과 같은 감정적인 원인을 이야기하는 것은 좋지 않다. 그보다는 업무 성과나 사규위반 등 사실에 기반한 사유를 들어 설명한다.

1

바로 써먹을 수 있는
리더의 한 마디

긍정을 표현하는 리더의 한 마디

👍 Good · 👍 Best

| 확정적 표현 | 틀림없어! |

분명해!

그럼! 그렇고말고!

Good 전적으로 동의합니다.

저 역시 같은 생각입니다.

물론이지.

Best 바로 그거야.

맞아, 확실히 그렇지.

확실해.

정말 그렇군.

확실하겠군.

그렇겠군.

한마디로 말해서, 그래.

Good 저도 비슷하게 생각해요.

그 점에 대해 우리 서로 통하는군요.

일단 그 점에 대해서 우리는 같은 생각인 것 같군요.

내 마음을 읽은 것 같은데?

그래요, 그건 그렇게 하죠.

오케이, 알았어요.

나도 그런 거 같아.

부정을 표현하는 리더의 한 마디

👍 Good · 👍 Best

확정적 표현

어찌 되었던 분명히 그건 아닙니다!

그게 맞을 리가 만무하잖아요!

절대 그럴 리 없어요!

그건 분명히 아닙니다!

Good 미안하지만 그건 아닙니다.

절대 그건 아니지.

전 그 말에 동의할 수 없습니다.

그 얘기라면 논의할 필요가 없을 듯합니다.

Best 안타깝게도 그 말에 동의할 수 없겠군요.

미안하지만, 그 제안은 거절하겠습니다.

그런 말을 들으려고 한 게 아닙니다.

인상적인 얘기는 아니군요.

제가 아는 것과는 다른 얘기군요.

별로 와 닿지 않는 얘기군요.

이해가 되지 않는데.

난 생각이 좀 다른데.

난 반대 의견으로 기우는데.

난 그렇게 생각하지 않는데.

지금 당장 채택하긴 좀 그래요.

제가 틀릴 수도 있지만, 그건 좀 아닌 것 같군요.

생각 유도 103p / 반대 157p / 의문 171p

의문을 표현하는 리더의 한 마디

👍 Good · 👍 Best

글쎄, 잘 모르겠습니다.

미안한데, 정말 모르겠네요.

저도 정말 알고 싶습니다.

실마리가 보이지 않는군요.

정말 확실한 답을 얻기엔 자료가 부족하군요.

정확하게 의사 결정하기에는, 제대로 들은 바가 없습니다.

그 사안과 관련해서라면, 저도 아는 것이 없습니다.

아직 잘 모르겠지만, 답을 찾을 수 있을 것도 같군요.

잠깐만, 이거 알 거 같기도 한데.

좋은 질문이지만, 아직 답을 주긴 어렵겠어요.

아직은 뭐라고 확실하게 말하기 어렵겠어요.

좀 더 조사해 봐야겠는데.

아직 모른다고 할 수밖에 없겠어요.

그 주제에 관해 충분한 정보가 없습니다.

아직은 확실하지 않아요. 좀 더 알아봐야겠군요.

아직은 뭐라고 속단하기 어렵습니다.

정확히는 모르겠어요.

어쩔 수 없이 대답은 하겠는데, 반드시 옳다고는 할 수 없어요.

알맞은 대답을 하기 어렵겠는데.

지금은 답하기가 어려워요.

무슨 얘길 하는지 잘 모르겠는데?

그건 아닌 것 같은데, 나도 확실하진 않아.

가능성을 표현하는 리더의 한 마디

👍 Good · 👍 Best

| 격식 있는 표현 | 어쩌면 그럴지도 모르겠군요. |

Best 그 문제는 아직 논쟁거리입니다.

믿기 어려운 얘기군요.

가능성이 희박한 거 같은데.

확실히 논의가 필요한 사안이군요.

확신할 수 없어요.

아직 납득이 안 되는군요.

여전히 의문이 남아있습니다.

Good 확실하다고 말하기가 어려워요.

(그 말이) 사실인지 확신이 안 서는군요.

다시 생각해보는 게 좋겠습니다.

양쪽 모두 맞는 것 같은데.

Good 그럴 가능성도 있긴 있죠.

그게 뭔가 불확실해서 말이죠.

그게 참 의문이네요.

편안한 표현 그걸 누가 알겠어요?

요점을 파악하는 리더의 한 마디

👍 Good · 👍 Best

확정적 표현	미안하지만, 무슨 뜻인지 정확하게 설명해 줄래요?
👍 Good	괜찮다면 다시 한번 명확하게 설명해줄 수 있겠나?
	미안한데, 아직 잘 모르겠어요.
👍 Best	내가 제대로 이해했는지 확실하지 않군요.
	내가 이해할 수 있게 도와주겠어요?
	[농담조로] 미안, 내가 그 정도로 똑똑한 편은 아니라서.
	얘기가 산으로 가는 것 같은데?
	지금 뭔가를 놓치고 있는 것 같은데?
	좀 더 알아봐야겠어요.
	무슨 이야기를 하는 건지 잘 모르겠어요.
👍 Good	알아들을 수 있게 다시 이야기해보세요.
	이야기가 중구난방이라, 도대체 알 수가 없군요.
	도대체 무슨 얘길 하는 건지 모르겠네요.
잠정적 표현	글쎄, 난 잘 모르겠는데.

보안사항임을 표현하는 리더의 한 마디

👍 Good · 👍 Best

정중한 표현	미안하지만, 이 사안에 대해 터놓고 얘기하기가 어렵습니다.
Best	미안하지만, 이 사안에 대해서 어떤 정보도 밝힐 수가 없습니다.
	이 사안에 대해서는 누설하지 않기로 약속했습니다.
	이 얘기를 한다면, 당신 신상에도 좋지 않을 겁니다.
	그건 일급기밀입니다.
	미안하지만, 그런 정보는 밝힐 수가 없어요.
	그 건에 대해서는 묵비권을 행사할 수밖에 없군요.
	그건 기밀이라고 알고 있어요.
	보안사항을 위반할 순 없어요.
	누군가의 심기를 거스르고 싶지 않습니다.
Good	난 그 질문에 대답하기에 적합한 사람이 아닙니다.
	정확한 대답을 할 위치가 못 됩니다.
	내가 얘기하는 것은 주제넘은 짓이오.
	모르는 채로 있는 게 나을 때도 있습니다.
	말하는 게 맞는지 모르겠어요.
	왜 알고 싶어하는 거죠?
	말할 수 없는 거 잘 알면서 왜 그래요.
	그냥 모른 채 놔둬요.
	당분간은 비밀로 해둡시다.

 당신이 신경 쓸 일이 아닙니다.

당신이 낄 자리가 아니에요.

상관하지 마세요.

 왜 얘기해야 하죠?

부록
2
비즈니스 멘트 영문판

SITUATION 1
Negotiation

How to Ask a Question _질문 18p

Formal 

- Would you be so kind as to answer this one question?
- I'd like to raise an important point, if I may.
- I am seeking to understand this matter more fully.
- Another question remains to be clarified…
- Here's a simple question.
- I have something to ask.
- Here's something I've been wondering about.
- Anyone know the answer to this?
- Inquiring minds want to know.

Casual

How to Stall _대답 연기 19p

Professional 

- That's a very good question—allow me to think before I respond.
- Please allow me a moment to ponder the ramifications before I speak.
- That's going to require more research.
- That's on a lot of peoples' minds these days.
- You always make such excellent points.
- I think you are raising a very interesting point.
- I'll give you the short answer; we can talk more indepth later on.
- That takes a good deal of specialized knowledge.
- I don't recall hearing that before.
- I'm not sure I understand where you're going with that.
- Who knows?

Casual

Polite ▲

- Allow me to stress just how important this is.
- I cannot stress enough just how critical this is.
- Please take especial note of this point.
- And you can quote me on this...
- While there are many opinions on this, here is my take.
- Let me be clear about this.
- Let me make this point even more clear.
- There are no ifs, ands, or buts about this.
- The fact that is most relevant/important is....
- I can say unequivocally that...
- I think that it is important to understand that...
- I'll take it one step further.
- I've said it before and I'll say it again...
- Now pay attention!

▼ Abrupt

Courteous ▲

- What can I do or say to persuade you?
- There's a lot of research that supports this; for example...
- Time and experience have shown me that...
- Give me a few minutes and I promise you, you'll change your mind.
- Given enough time, I know that I can win you over.
- I believe I can sway you if you'll just listen to the facts.
- All I ask is that you revisit the issue.
- I have no right to hijack your conscience, but...
- Am I not swaying your opinion?
- If you opened your eyes to the facts, I think you would understand.
- How can you not see my point?
- Anyone with an ounce of common sense would know that.

▼ Rude

Formal ▲

- I am gratified to say that I accept without reservations.
- I can't tell you what an honor this is for me.
- I'm touched to know that you made me a part of this.
- I hear you and agree.
- There's nothing I would rather do.
- Let's shake hands on it.
- Sign me up on the dotted line.
- My answer is a big yes.

▼ Casual

- Fine by me!

How to Reject a Proposal _제안 거절 23p

Polite ▲

- I must respectfully decline at this time.
- I apologize that I am unable to accept your offer right now.
- I appreciate your suggestion, but we must find another way.
- I have already accepted a similar proposal, so I must say no.
- I don't think it would be wise for us to go forward at this time.
- The decision is out of my control, sorry.
- I can't work with you on that, sorry.
- We just can't afford the risk/expenditure/complication right now.
- Your solution is risky; I just can't run with it.
- It's a no-go.
- I don't think it's going to work.
- Only if you pay me for it! [joking]

▼ Blunt

- That's not gonna work for me.

How to Sell Something to Someone _판매 25p

Push-through ▲

- If you don't move on this now you'll regret it.
- Don't let this be the one that got away.

- Take it home today—you won't regret it.

- Tomorrow you'll be a day late and a dollar short.

- This special price is only good until [date].

- There's a lot of interest in this, so you'd better move on it.

- The deal is almost irresistible.

- It won't stay at that price for very long.

- You deserve it

- You'll be the envy of your peers/colleagues/friends.

- It's the crème de la crème.

- Quality and price—you can't ask for more.

- I think you'll be happy with it.

- It's only money, after all.

- You can always return it.

▼
Low Pressure

- Only you can make that decision.

How to Bargain _절충 26p

Positive
▲

- I'm sure we can get to a win-win, here.

- That sounds better—let's talk some more.

- Let's each go halfway and we'll be done.

- Meet me in the middle; it's the only answer.

- Can't you budge a bit more on the price? After all, I've made concessions, too.

- I have no problem walking away from this.

- You'll have to do better than that.

- I expected a better offer from you.

- We're both trying to make a living, here.

- Do you think your rigidity is serving you?

- I'm not made of money.

▼
Negative

- [silence]

Positive 

- I know you want this as much as I do—what can you do for me?
- Here are my concessions—what are you willing to bend on?
- How will we proceed with this two-sided quandary?
- We're in a deadlock. What should we do?
- Can't we just agree on something?
- Do you see a way out of this?
- Unfortunately, we've reached a dead-end and nobody is budging.
- I wish we could get out of this quagmire.
- Maybe I should just take my business elsewhere.
- This has been a waste of my time and yours.

Negativel

How to Call for Compromise _타협 28p

Civil

- With our mutual respect, I'm sure we'll come to a decision that suits us both.
- We both want what's best—how can we make that happen?
- Aren't we all looking for a win-win, here?
- Let's move forward in the spirit of compromise.
- I think we both need to accommodate each other, here.
- You won't regret coming to a decision that benefits all parties.
- I'm willing to listen to you if you listen to me.
- I think we should agree to settle and move on.
- There's no magic solution; it's all give-and-take.
- We'll be fine if I give a little and you give a little.

Bold

SITUATION 2
Problem Solving

Urgent ▲

- We need to find a way out of this immediately, if not sooner.
- We've got to figure this out right now.
- We must get to the bottom of this by the end of the day.
- There must be a way out of this sticky situation. Let's find it.
- To solve this problem, we need to immediately change tactics.
- We need to fix this as quickly as possible.
- Our priority is getting to the heart of the issue as soon as possible.
- Let's think outside the box for a moment.
- This approach isn't working. We need to try something different.
- We need to rethink that solution.
- The only way out is to deal with this issue in greater depth.
- Let's settle on a solution that we can all be comfortable with.
- We need more facts about the situation before we do anything.
- What if we took this in a different direction?
- We have been doing this when we should have been...
- If we're not part of the solution, we're part of the problem.
- Let's not rush this—better safe than sorry.
- I want a comprehensive solution, not a temporary fix.
- Maybe we should let the problem solve itself.

▼ Laissez-faire

Professional ▲

- Would you be so kind as to render your assistance on this matter?
- I can't see an end to this project—would you be willing to lend a hand?
- I'm in dire need of your expertise—do you have a moment?

• I need to find a solution to this problem; what are your thoughts?
• Help me find the proper solution to the problem.
• I need your support or I'll never get out of this dilemma.
• I'll listen to any input you might have.
• Would you help me out, please?
• What do you propose as a solution?
• Do you have a solution to this mess?
• Help me out, here!

How to Simplify a Complex Issue _문제 단순화 39p

• I'm afraid this is too complex for me—would you be so kind as to simplify the matter?
• Is there any way you can outline just the salient facts?
• I'm afraid your complex approach is far too sophisticated for me.
• Please don't get too complicated. I'm better when things are stripped down.
• Just the main points, please
• Simplicity is the best course for now.
• I'm afraid this is all over my head.
• Let's stay within the basic framework of the issue.
• Let's not go down useless tangents and dead-ends.
• Please confine yourself to the fundamentals.
• Tell me exactly what's going on in 25 words or less.
• This is getting way too complex for me—can we start over?
• I only have a few minutes, so get to the point.
• Cut to the chase—I don't have a lot of time.
• Remember, KISS means "keep it simple, stupid."
• Cut out the useless babble!

Courteous ▲

- This might be a bit more complex than the way you're describing it.
- I understand the advantage of boiling things down to their essence; however...
- A more sophisticated inquiry into the issue might be more helpful.
- Cutting a complex issue down to its component parts is not always wise.
- You can't simplify things to such an extreme.
- You can't prune everything off and still expect it to be a tree.
- That's a myopic way of looking at it.

▼ Blunt

How to Speak to Someone Who's Going Through a Hard Time _힘든 동료 41p

Personal ▲

- How can I best help you during this difficult time?
- I am here for you if you need anything at all.
- I hear you and feel your pain.
- I believe we can overcome anything by talking things through.
- Let's face it, life is hard.
- We can't escape reality, as much as we want to.
- In moments like these, we must be strong.
- You just need to accept what you can't change.
- Everyone goes through tough times; you're no different.
- Oh, you will be fine, I just know it.
- Buck up—it'll get better.

▼ Less engaged

How to Talk About a Past Problem _지난 문제 42p

Positive ▲

- We learned a lot from that and are stronger for it.
- Thankfully, all of that drama is behind us now.
- That challenge already seems like it's part of the distant past.
- Fortunately, we're past all that now.

- We faced difficult challenges, but we always knew we'd overcome them.

- We learned a great deal from that, but we need to look to the future.

- While our troubles are behind us, no one escaped unscathed.

- Unfortunately we cannot rewrite the past.

- We didn't handle that well; we need to do better next time.

How to Talk About a Current Problem _현안 43p

- Let's go over what needs to be dealt with and fix it.

- We can overcome this challenge if we work together.

- A discussion needs to happen in order for us to get out of this quagmire.

- Let's take another look at the problem.

- Sure we're in a dilemma. Discussing our options will help.

- We should get better acquainted with this challenge.

- What's happening isn't making anything easier. Let's discuss it.

- If we don't work quickly, there will be a lot more trouble downstream.

- If we don't solve this quickly it's going to lead to more serious trouble.

- We can't let the situation boil over.

- This problem isn't going to solve itself.

- The Titanic is sinking and nobody seems to care!

How to Propose a Plan _제안 45p

- I believe my plan gives us the best chance for success.

- The only option is to listen to my suggestion.

- If we look at my new idea, I think we can accomplish a lot more.

- We need a new direction; who's with me?

- There's a new direction I'd like to propose.

234

▼
Passivel

- Only thorough planning can help us succeed.
- We've pondered many options, but I'm in favor of...
- I have no other choice than to suggest...
- This probably won't work, but...

How to Warn Someone _경고 46p

Subtle
▲

- Are you sure you want to do that?
- Maybe you should rethink this/sleep on it.
- I'm aware that you know what you're doing, but please rethink this.
- I would suggest that you...
- Do you think it's possible that this is a bad idea?
- I'm begging you to please avoid this.
- This does not portend good things for you.
- This won't end well.
- Don't come crying to me if things don't work out.
- I don't want to say, "I told you so."

▼
Bold

How to Complain _불평 47p

Civil
▲

- If I did not care, I would not say anything about it.
- You're doing well, but here is where you can improve.
- Look at it from my point of view...
- I don't want to make a fuss, but this isn't working for me.
- I usually don't gripe about things, but this has gone too far.
- You may be okay with this, but I'm not.
- I object to/am disappointed in the way you...
- This isn't the right way to treat people.
- This is completely unacceptable.

| | • I'm just about done here. |
| ▼
Blunt | • I no longer wish to do business with you/stay married to you/work for you. |

How to Respond to a Complaint _불평에 대한 대응 48p

Empathetic ▲	• If you're unhappy, I'm unhappy.
	• I understand your concerns and I promise I will resolve things to your satisfaction.
	• I understand why you would feel that way—I will do what I can to address it.
	• I want to know everything so I can correct the problem immediately.
	• Now that I understand what's bothering you I can begin to address it.
	• Sorry about all that—we're working on it.
	• Let me assure you that this is the exception, not the rule.
	• This isn't my fault, but I'm doing my best to make things better.
	• It's very easy to assume when we don't know.
	• Don't be so unpleasant—I'm doing the best I can.
	• Your complaint isn't top priority right now.
▼ Bold	• Nobody's perfect.
	• I don't care.

When Someone Is Being Negative _부정적인 사람 49p

Sympathetic ▲	• I totally understand what you're saying and agree that you have a right to be upset.
	• I know it's tough, but let's try to stay positive.
	• Let's focus on being constructive, okay?
	• Every problem has a solution, you know.
	• Sure there's a problem, but you need to push through it.
	• This kind of talk is making things worse than they really are.

- Don't you think you're exaggerating a little?

- Are you going to be in this kind of a mood all day?

- You're letting this get the best of you.

- Whining never accomplished anything.

- Don't embrace the negative.

- A lot of people have it much worse.

- This isn't the time or the place for that kind of chatter.

- You're bringing down the energy of this place.

- Your cynicism/negativity is making me depressed/tense/upset.

- I've heard just about enough of that from you.

▼
Unsympathetic
- Should we call you Eeyore? [sarcasm]

- I feel exhausted just listening to you.

SITUATION 3
Conflicts and Anger

Conciliatory ▲

- It's okay, we just don't see eye to eye on this.
- I think it's generally better to stay away from controversial topics.
- This topic has caused a lot of trouble for people smarter than we are.
- Well, we should probably stop now before things get too heated.
- Don't you feel how problematic this topic is.
- Problems such as these tend to create a lot of controversy.
- I think it's better to stay away from controversial topics.
- It's just a difference of opinion—nothing more, nothing less.
- Let's take a breather and regroup when we're both calmer.
- It's not constructive to have so much dissention.

▼ Aggressive

Diplomatic ▲

- Let's keep this sophisticated, people! [joking]
- Calm down or I'll give you both a pink slip. [joking]
- Before you start arguing, let's go over all the points again.
- Come on, guys—we need to work as a team here.
- We are here to collaborate, not bring each other down.
- Let's take a breather and reconvene when everyone's calmer.
- The project will be in danger if you keep fighting.
- You guys need to keep cool before we all get into trouble.
- It's pointless to argue at this time.
- Let's stay constructive, here; arguing is pointless.
- You're not getting anything accomplished this way.
- That's the kind of behavior we should avoid right now.
- This is a discussion between equals, not children engaged in a schoolyard fight.

▼
Blunt

• If you can't settle down, you're both out of here.

• It looks like the lunatics are in charge of this asylum. [sarcasm]

How to Get Past a Misunderstanding _오해 59p

Tactful
▲

• I value our relationship—let's play fair with one another, okay?

• I believe we can work collaboratively and solve this misunderstanding.

• Searching for common ground would help keep us on track, here.

• Solving problems is a part of business/family life/ friendship.

• We can rewind to the beginning and start over if you'd like.

• Please help me put this problem/issue/conflict to rest.

• I see where you're going with this, but I don't think we're on the same wavelength yet.

• I don't want to clash anymore—let's figure this out once and for all.

▼
Blunt

• Once you stop making erroneous assumptions, we'll be able to make real progress.

• C'mon, let's not fight.

How to Respond to an Offensive Statement _모욕 또는 공격 60p

Friendly
▲

• You certainly have a great command of the idiom! [joking]

• I'm not going to argue with you, but I'm still a bit surprised you said that.

• There are probably some topics that are best avoided, don't you think?

• Your statements really upset me—I'm surprised you said that.

• Is that really what you think?

• You do know that's completely unreasonable, right?

• I don't appreciate your choice of words.

• What's the point of saying something like that?

• I think you should rephrase that, don't you?

• I can't believe you actually said/support/condone that.

239

- A statement like that can land you in hot water.

- Maybe we should talk about the way in which you communicate.

- If you think like that, there's not much I can do to help you.

- I distinctly heard what you said and know that you meant it.

- Do you take pride in this?

- There are things that just shouldn't be said.

- You like to upset/shock/unnerve people, don't you?

- If you are happy believing that, I guess I'm happy for you. [sarcasm]

- I will not tolerate this kind of talk/treatment/attitude!

When Someone Is Angry _분노 62p

- We all have bad days—let's take a second to cool off.

- I know he/she/you don't want to offend anybody.

- Let's keep this professional/sophisticated.

- You're taking your point a little too far.

- You're getting a little intense here.

- I feel like you're trying to hurt me—is that the case?

- I find your tone to be a bit provocative/upsetting/confrontational.

- There is no need to get personal.

- You've reached your boiling point; you need to settle down.

- Your tone has crossed the line.

- Maybe you should take a walk/get a little fresh air/calm down.

- Use your inside voice, please.

- Are you trying to be mean?

- You may have a right to be angry on your own time, but not on mine.

- Knock it off!

Polite ▲

- I'd love to, but I really can't/have to go/don't have the time.
- This simply isn't the right time, unfortunately.
- I wish I could be of more help to you, but I can't.
- I'm sorry, but I can't help you.
- Please leave me alone/stop pushing.
- Maybe this is the way you get things done, but I don't like it.
- You'll be wasting your time if you keep talking to me/pushing me.
- You really should put your energy elsewhere.
- The answer is no.
- You're pushing too hard—stop it!

▼ **Rude**

When Someone Is Being Stubborn _고집 64p

Professional ▲

- There is probably more than one way to look at this.
- I can see where you're coming from, but I still must disagree.
- I certainly understand how you see it, but I see it differently.
- Are you open to hearing what I have to say?
- We'll just stay deadlocked forever if neither of us will concede.
- Please listen to reason for a moment.
- The goal of any discussion is to share opinions and be open to the opinions of others.
- There's no "I'm always right" in a productive discussion.
- You're not always right; I hope you can see that.
- Why is it always your way or the highway?
- You're just being a blockhead—listen to reason!
- You must be right since you are so sure. [sarcasm]
- You're as stubborn as a mule.

▼ **Unprofessional**

When Someone Is Condescending _거들먹거리는 사람 66p

Polite ▲

- I'm sorry to ask you this, but why are you speaking to me like that?
- So that I don't misinterpret your statement, would you please rephrase it?
- Am I hearing you correctly?
- No one likes being talked down to.
- Did I just hear you say [repeat the phrase back]?
- A little kindness would suit you better.
- I would appreciate a little more courtesy.
- It's not very nice to talk down to people.
- That's so condescending—I thought you were a bigger person than that.
- Please don't speak to me that way!
- Treating people like that will get you nowhere.
- You're trying to intimidate me/put me down; well, it isn't going to work.
- You don't have to be so contemptible, just because we don't agree.
- Who do you think it's okay to insult me like that?
- Don't you have any manners?
- I wish I could be as perfect as you are. [sarcasm]
- Just who do you think you are?

▼
Rude

When Someone Threatens You _협박 67p

Tactful ▲

- Why are you being so hostile?
- That's crossing a line—I'm sure you'll rethink things.
- Are you trying to upset me?
- Your words are unnecessary and hurtful.
- This is a waste of time; I'm walking away.
- Don't say something you'll regret later.
- You don't know what you're saying.

- I don't have time for this.

- There's a line of no return in every relationship, and you've just crossed it.

- You're obviously delusional.

- Threatening me is not something you want to do.

- Do you know what you're risking?

- I don't think you realize the damage you've already caused.

- If you think I'm frightened, you're mistaken.

- I won't hesitate to use force if I'm threatened.

- Come over here and say that again.

When Someone Picks Apart What You Say _비난 69p

- Well, I'll just have to disagree with you, there. [joking]

- I meant that to be constructive. Please don't take it any other way.

- There are better words than the ones I chose; however, I know you understood me.

- Sorry, I didn't think using such precise language was critical just now.

- I was merely stating my opinion.

- I didn't expect you to take offense.

- I was just making an observation.

- I was just making a simple statement.

- I think you're taking this too seriously.

- You shouldn't have such thin skin.

- My words may be imprecise, but I know what I said made sense.

- You wouldn't have any reason to pick on me if you made an effort to understand me.

- I just spoke my mind—what's the problem?

- Why is it so hard to accept that we have differences?

- I tend to say what's on my mind—if you don't like it, I can't help you.

- I'm sorry if you were just too stupid to understand my meaning.

Friendly 

- You're pulling my leg, right? [joking]
- Honesty is the best policy. [scolding/joking]
- I really wish I could believe what you're saying.
- I know it's hard, but please be straight with me.
- The truth will set you free.
- You and I both know that's not true.
- Something doesn't add up here.
- How do I know you're lying? Because your lips are moving. [joking]
- Lying won't get you anywhere.
- I hate lies—and liars.
- How about being honest for a change? [sarcasm]

Combative

When Someone Picks a Fight _시비 72p

Civil 

- I really don't want this to escalate—I'm sorry if I said the wrong thing.
- I certainly didn't mean to offend you.
- I'd prefer to take the high road, here.
- Let's keep things professional/sophisticated/on the up and up.
- A true professional puts his/her personal feelings on the back burner.
- You don't have to act this way; a reasonable person wouldn't.
- I will not lower myself to your level.
- Think of someone other than yourself!
- Keep this up and you'll be on the outside looking in.
- Keep acting like this and you'll be looking for another [job/friend/ spouse].
- I don't allow anyone to treat me this way.
- Looks like someone is cruising for a bruising.

Blunt

Civil ▲

- Please allow me to add just one more thing.
- Please just let me finish and then you'll have the floor, I promise.
- If I could just go on.
- May I finish my thought?
- If you would just let me get a word in edgewise.
- If you'd just listen, all your questions would likely be answered.
- I'd like to finish speaking if that's okay.
- I'm okay listening to you, but are you okay letting me finish?
- What I say doesn't really matter to you, does it?
- For you to hear me, you'd first have to let me speak.
- For someone who talks so much, you should know how to listen.
- Hold your peace until I'm done.
- Be quiet and listen to me!

▼ Blunt

When Someone Makes Fun of You _비아냥 74p

Polite ▲

- I'm glad you had a laugh at my expense—can we move on? [joking]
- I can teach you a thing or two about jokes. [joking]
- Did you know that your humor can be hurtful to some people?
- You like laughing at people, don't you?
- It's no place for that kind of nonsense.
- Obviously, humor doesn't come naturally for you.
- What makes you think you can say that?
- Why do you insist on bringing other people down?
- You're being immature, even for yourself.
- How original. [sarcasm]
- I've always appreciated the way you make people feel comfortable. [sarcasm]
- So glad I could entertain you. [sarcasm]
- I've heard that before, but from someone with an actual gift for humor. [zinger/sarcasm]

- Bravo, how professional. [sarcasm]

- It's not fair to have a battle of wits with an unarmed person—so I won't reply to that.

When Someone Criticizes You _비판 76p

- That must have been hard to say; I appreciate your honesty.

- I appreciate the feedback and will take it to heart.

- Thank you so much for letting me know about this.

- I will certainly take what you said into consideration.

- You seem really uncomfortable with differences—can we talk about that?

- Your comments are usually right on, but they're not justified in this case.

- Is it okay if people do things differently than you?

- To each person his or her own flaws.

- You can't please everyone all of the time.

- Do you usually criticize people who are different than you?

- I don't know where all this acrimony is coming from, but please don't direct it at me.

- People who live in glass houses shouldn't throw stones.

- I would never allow myself to comment on that.

- Don't you ever accept others as they are?

- You don't have to stick around if I bother you so much.

- If you're looking for perfection, you shouldn't hang out with me.

- Who dictates the code of behavior here? You?

- Do you think you're a great example?

- There's only one problem here and it's you!

- If I have to be like you to gain your respect, I don't want it.

246

Assertive ▲

- Please forgive me if I stepped on your toes; I did not mean to upset you.
- I didn't mean to offend you; it was only meant in jest.
- I was saying it for your benefit/because I care about you.
- Why the defensiveness?
- Giving and accepting advice is part of any relationship.
- I don't understand why you're expressing yourself this way.
- Why are you taking it like that?
- You shouldn't be so thin-skinned.
- I see that you never let anyone contradict you/speak into your life.
- Why do you put up so many walls?
- You're making a mountain out of a molehill.
- This isn't an attack on you—it's a general statement, so too bad if you took it personally.
- If only we were all perfect like you. [sarcasm]
- I can't reason with you when you're like this.
- There's an 800 number I can recommend if you feel you need help with this.

▼ Defensive

When Someone Is Doubting You _의심 79p

Assertive ▲

- You know you can always count on me.
- I'm the last person you should be doubting.
- You aren't looking at me, are you?
- What do you expect from me?
- I give you the benefit of the doubt.
- I'm sensing the uncertainty, too.
- I'm not comfortable with it, either.
- If you want someone to doubt, look in the mirror.

▼ Defensive

Polite ▲

- Good point—we'll get back to that in a second.
- Let's get back to the subject at hand.
- Let's stick to the agenda before moving on to new topics.
- There's no use moving on until we're finished with the subject at hand.
- It seems to me that we weren't speaking about that.
- It seems like you're trying to muddy the waters.
- That has nothing to do with the current conversation.
- I don't think we've resolved the issue yet, do you?
- I think you're just trying to confuse the issue.
- Don't try to divert the conversation.

▼ Rude

- I wasn't done yet!

Courteous ▲

- And the answer is...? [joking]
- It seems like we're having trouble focusing—let me say it another way.
- Let's not dance around the issue any longer.
- Please try your best to answer me.
- Okay, I'll say it again.
- Please don't dodge the question.
- Do I need to repeat myself?
- Aren't you going to give me an answer?
- I would like a direct answer to my simple question.
- Do you just not know the answer?
- How many times do I have to ask you?
- Nice way to avoid my question.

▼ Rude

- I demand an answer!

High Road ▲

- Speaking calmly will make communicating with me much easier.
- There's no need to raise your voice.
- You could be a little more understanding.
- How about being a little more civil?
- Why the raised voice?
- You're going too far.
- You're crossing a line, here.
- Seriously, you should calm down.
- Are you aware that you're screaming?
- Is that it? Are you done yelling now?
- I've heard enough—bye!

▼ Low Road

When Someone Swears at You _욕설 85p

High Road ▲

- Whoa, easy with the language! [joking]
- You're better than that.
- There are other ways to say that.
- It's not really nice to say that.
- You've disappointed me.
- We can come back to this when you calm down.
- Watch your language, please.
- If you can't say something nice, don't say anything at all.
- I don't understand how you can take pleasure in being rude.
- Why are you being so offensive?
- Do you ever think before speaking?
- Keep speaking like that and you'll be talking to yourself.
- Congratulations, how intelligent. [sarcasm]

▼ Low Road

Civil ▲

- You seem a little anxious/overworked/upset—what can I do to help?
- I like the polite version of you much better!
- I think you're exaggerating a bit, here—don't you?
- Please be more careful with your choice of words.
- What did I ever do to you to warrant that?
- Is it really necessary to say that?
- I always treated you with respect. What's the problem?
- I never allow anybody to talk to me this way.
- I don't have to stick around for this.
- Keep on crossing the line and I'll [...]!
- Just tone it down, okay?
- Bravo, what diplomacy. [sarcasm]

▼ **Bold**

Conciliatory ▲

- Violence is never the answer.
- This behavior will not benefit anybody.
- Please don't put your hands on me.
- You've definitely crossed the line of respect
- Clearly you have a problem.
- You can lose your job for this.
- What you did can put you in jail.
- I will not tolerate that again.
- Get a hold of yourself.
- I'm tempted to knock you into yesterday.
- Do you treat everybody like this?
- Touch me again and I'm calling the police/authorities/HR.
- Do that again and I'll ruin your life.
- You're finished here.

▼ **Threatening**

SITUATION 4
Machiavellian Techniques

How to Destabilize Someone _뒤흔들기 94p

Subtle 

- Would you repeat yourself, please?
- Hold on, I need to write this down.
- What is your reason for saying that?
- What makes you say that?
- How did you come to that conclusion?
- I really wonder why you would think this.
- You don't seem 100-percent sure of yourself.
- So you say.
- Interesting...

Overt

How to Threaten Someone _겁주기 95p

Subtle 

- I'm not sure where this leaves us.
- I don't think that's the best idea.
- I don't think it's healthy for you to continue on this track.
- You do know there are consequences to every action, right?
- I would advise you not to do that.
- I'm warning you, there are consequences to every action.
- You should prepare yourself for the worst.
- Someone's going to cut you down to size one day.
- Bad things happen to bad people, you know.
- This is it for you!

Overt

Subtle ▲

- I promise, anything you say will remain completely confidential.
- You know you can tell me anything.
- I give you my word that this won't go any further than these walls.
- You know that we have an understanding.
- Can we cut to the chase?
- I guess I'll have to call around to get the facts.
- I'm going to find out anyway, so you might as well tell me.
- Don't you trust me?
- I'm hurt that you wouldn't trust me with this information.
- I'm not asking about anything that isn't common knowledge.
- I'm not leaving here without the information
- Cut the crap and give me the answers I want!

▼ Overt

How to Deflect Blame _비난 97p

High Road ▲

- What you say is simply not true.
- If there is anyone who can categorically state that I did/said this, let him/her step forward.
- I'm actually hurt that you would accuse me of something like that.
- This is simply the result of rumor and innuendo.
- Do you really think I would say/do something like that?
- I swear on a stack of Bibles that I didn't do it.
- My conscience is clear.
- Before you attack me, you should look in the mirror.
- Blaming me is the way you deflect blame from yourself.
- Your statements make it clear that you are incompetent.

▼ Low Road

Friendly ▲

- Too many cooks spoil the broth. [joking]
- I've got it covered—thank you, though.
- Thanks, but I think I have a handle on it.
- I assume you've already done the jobs you were assigned?
- A little breathing room, please?
- Please don't get involved in things that don't concern you.
- Don't you have something else you need to do/ somewhere else you need to be?
- Don't you have anything better to do?

▼ Forceful

How to Make Someone Feel Like a Fool _웃음거리 99p

Humorous ▲

- Please turn your mouth off; I can still hear it running. [joking]
- Aw, you try so hard.
- Okaaaaay....[dubious]
- Do you always do stuff like this?
- I know you like to help, but I think we've got things under control.
- I won't have a battle of wits with an unarmed opponent.
- I hope you're better prepared today.
- I'd love to hear something intelligent for a change.
- I don't have to make you feel stupid; you're halfway there on your own.
- I'll try being nicer if you'll try being smarter. [sarcasm]
- I didn't hear you—my B.S. filter was on. [sarcasm]
- How do you sleep at night?

▼ Harsh

How to Take Control of a Conversation _주도권 100p

Polite ▲

- If you would allow me to speak for a moment...
- May I just say this?
- I haven't finished what I was saying.

- There's really no need for you to go on.

- This case is closed.

- There simply isn't anything more to say on the matter.

- You're wasting your time and energy.

- Didn't your family teach you respect?

- I'd be more than happy to let you ramble on, but I've got more important things to do.

- What part of "done" don't you understand? [sarcasm]

Blunt

- Just FYI: I will be controlling this conversation from now on.

How to Get The Last Word In _첨언 102p

Subtle ▲

- Yes, but...

- You may be right, but...

- Okay, whatever. [repeat as necessary]

- Let me just say one more thing and then we're done.

- We'll continue this at a later date of my choosing.

- I will follow up about this later/tomorrow/next week.

- Okay, I guess I'd better let you go.

- Let's wrap it up; there's really nothing more to say.

- You've talked enough, thank you.

Overt

- I'm not going to change my mind, so it's best that you stop talking.

How to Make People Second-Guess Themselves _생각 유도 103p

Subtle ▲

- I know you mean well.

- How could you have known?

- Hmm, you might want to consider the source.

- That's not what so-and-so told me.

- I'm curious—what were you thinking?

- Aren't you angry/upset about that?

- Sometimes I just don't get you.

- It's a shame you didn't know about this.

- Honestly I'm a bit surprised by your attitude/actions.

- Nobody else I know thinks that.

- This is not really what I expected from you.

- That's not how I would have done it, but whatever.

How to Avoid a Conversation _회피 104p

- Let's set aside this topic and move on to more pressing matters.

- Can we put this off until a later date?

- This is a touchy subject—let's steer clear of it.

- I don't think we need to address that, but that's just my humble opinion.

- I'm pretty sure we don't need to get into this.

- There is a bit too much controversy surrounding this conversation.

- That subject is off limits in my book.

- It would be a waste of our time to discuss this any further.

- I don't believe that this is important.

- The best way to talk about this is to not mention it at all.

- I hope you realize that this topic is a sensitive one.

- Maybe we should just table this discussion...forever.

- We'd just be beating a dead horse talking about this.

- Sorry, but I won't discuss that.

- This is not open for discussion or debate.

- I'm simply not going to listen to another word.

- Just drop it, okay?

Diplomatic ▲

- Wow, everyone wants a piece of me today! [joking]
- I'd love to talk to you, but I haven't got a minute today.
- I'll try to catch up to you some other time, I promise.
- If you want, you can make an appointment with my secretary.
- I'd love to hang out, but I'm just on my way out.
- I just don't have the time right now, unfortunately.
- I don't want to talk about it now.
- Is this conversation really necessary?
- Continuing to hash this out isn't productive.
- I don't wish to ever have that conversation.
- Why should we discuss anything?
- Excuse me, but this conversation is not happening.
- This discussion will never happen—sorry!
- Oops, look at the time!

▼ Rude

How to Engender Trust _신뢰 107p

Energetic ▲

- I will never let you down.
- I would walk through fire for you.
- I have a high degree of confidence regarding the situation.
- I feel great about this.
- Please put your trust in me—I won't let you down.
- Trust me, it will be taken care of.
- My reputation precedes me.
- I am known for my trustworthiness.
- I am a person of integrity, I assure you.
- Ask around. I have a good reputation.
- I will make every effort to make this happen.
- I'll hold myself responsible if things go awry.
- I have no reason to lie to you, do I?

▼ Laissez-fairel

SITUATION 5
Courtesy

How to Ask for Help _도움 요청 114p

Formal ▲

- Would you be so kind as to render your assistance in this matter?
- I would hold your offer of help in the highest regard.
- You're certainly under no obligation, but would you...?
- When you have a moment, would you...?
- I was wondering if you would possibly...?
- Please help me get through this minor catastrophe.
- Would you mind helping me with this? It shouldn't take long.
- Would you please lend me a hand?
- Do me a solid, won't you?
- You know I'd do it for you! [joking]

▼ Casual

How to Offer Your Help _요청 응대 115p

Formal ▲

- I am, as always, at your disposal.
- Ask and you shall receive.
- How can I best help you?
- You can always count on me.
- I know you would do it for me.
- Let me know if I can do anything, okay?
- You look like you could use some help—am I right?
- If I didn't help you, how could I sleep at night? [joking]

▼ Casual

When Someone Asks You for Help _도움 요청 116p

Empathetic ▲

- I would be delighted to assist you in this matter.
- I was hoping you'd ask.

- You can always count on me.

- You're always there for me, aren't you?

- Okay, but I probably won't be of much help to you.

- Okay, but you really owe me one.

- I'd love to help you but I just can't right now.

- I don't have the time, unfortunately.

- I don't think that's something that I'm going to do.

- You need to figure it out yourself.

- Get lost!

How to Thank Someone _감사 표현 117p

- I very much appreciate everything you've done.

- Thank you so much.

- There's no way to thank you enough.

- Words cannot describe how grateful I am.

- How can I thank you for all your hard work?

- I don't think anyone else could have helped as much as you.

- Without your help I would have been floundering.

- That was very kind of you.

- You're a gem, thanks!

- You rock!

When Someone Thanks You _감사 응대 118p

- You are most welcome.

- It was the very least I could do.

- I would do it again in a heartbeat.

- It's always a pleasure.

- No problem.

- You bet!

- Ah, it was nothing. [joking]
- Next time, I'll charge you! [joking]

How to Compliment Someone _칭찬 표현 119p

- I admire you greatly.
- People like you are a rarity.
- You're obviously a person of great skill/intelligence/experience.
- You are so impressive.
- I take my hat off to you.
- You're one of a kind.
- You're a winner.
- You're the best.
- If I could be anyone else, it would be you. [joking]
- You're great.
- You're awesome.

When Someone Compliments You _칭찬 응대 120p

- Tell me something I didn't already know.
- How kind of you to say so.
- Thank you for the compliment.
- Oh stop, before my head gets too big. [joking]
- I truly appreciate that.
- Flattery will get you nowhere. [joking]
- I can't take all the credit, you know.
- There's no "I" in "team."
- I really can't take credit for it.
- I only did what any ordinary person would do.
- Oh, it was nothing special/no big deal.

Accepting 

- Thank you so much for thinking of me.
- I'd love to come.
- There's nowhere else I'd rather be.
- I will be there with bells on.
- You don't have to ask me twice.
- I'd like to be there—is the agenda/guest list set yet?
- I can only accept if I know a little more about the event.
- I really don't want to double book, so let me check.
- I'm so busy these days—not sure if I can make it.
- Probably not—I'll have to get back to you.
- Unfortunately I have previous engagement.
- I'd like to, but I have something else going on.
- I'm tied up that day, sorry.

Rejecting

How to Apologize for Something You Said _말실수 123p

Humble

- There's no excuse for what I said; please forgive me.
- Please let me apologize; that was an awful thing to say.
- Clearly, I wasn't thinking clearly when I said that. I apologize.
- I wish I could take it all back; I feel terrible.
- I feel like a complete klutz about what I said.
- I recognize that I stepped out of bounds with that remark.
- I'd like to restate that, please.
- I can't believe I said that.
- Let me rephrase that/take it back.
- There's no excuse for what was said.
- I was just having a bad day.
- Please pay no mind to what I said.
- I guess I had a lapse in judgment.

	• I apologise if I misspoke or hurt your feelings in any way.
▼ Arrogant	• I said what I said because you caught me off guard.
	• Have you never made a mistake?

How to Apologise for Something You Did _사과 124p

Humble ▲	• Please forgive me; there is no excuse for my actions.
	• I really made a mess of things; I hope you can forgive me.
	• I regret it and I promise it will never happen again.
	• I hope you can forgive me for my thoughtlessness.
	• I never, ever meant to hurt/disrespect you.
	• Even though I'm sorry, I know that won't make it go away.
	• I guess I just wasn't thinking.
	• I feel badly, but I can't undo what I did, unfortunately.
	• If I stepped on your toes/hurt you/offended you, I apologize.
▼ Arrogant	• Listen, I'm only human.
	• I didn't do it on purpose!

How to Apologise for Forgetting Something _건망증 126p

Humble ▲	• It was inexcusable of me to forget; I humbly apologize.
	• If I could turn back the hands of time, I would.
	• I'm so thoughtless to have forgotten.
	• I'm usually very organized; I don't know how this happened.
	• I don't know what I was thinking.
	• You know me—I'm just a flake.
▼ Arrogant	• I can't help it if I'm so forgetful.
	• Don't get on my case; it was an oversight and nothing more.

Humble ▲

- I'm so sorry for being late; I won't let it happen again!
- I have no valid reason for keeping you waiting; please forgive me.
- I have no excuse; I should have planned ahead.
- This isn't like me; I'm never late.
- I guess it's time for me to buy a watch! [joking]
- I understand if you never want to meet me again! (joking)
- I'm late because my life is so hectic; I'm sure you understand.
- Excuse my lateness: [insert random excuse here].
- Punctuality was never my forte.
- I know I'm late, but so what?
- It's a wonder that you'll ever meet with me again. [sarcasm]

▼ Arrogant

How to Apologize for Your Team's Mistake _팀의 실수 128p

Humble ▲

- I am personally responsible for what transpired.
- I know that we dropped the ball, and for that I apologise.
- If there's anything we can do, this team is equipped to fix this.
- We are disturbed this happened and are deeply sorry for any damages.
- We will definitely be more careful in the future.
- Please know we are doing everything we can to fix this.
- I admit that we've been far from perfect.
- As a group, we are ashamed of what occurred and take full responsibility.
- Our mistake was never intentional.
- We are sorry for the inconvenience—what else do you want?
- This kind of mistake happens all time.

▼ Arrogant

SITUATION 6
Diplomacy

How to Open Up a Topic for Debate _논의 시작 134p

Friendly ▲

- I love a lively debate! Let's talk about [topic].
- I'd love to have your take on this.
- Please speak freely—I think we'll work better that way.
- I've wanted to talk with you about this for a long time.
- I want to listen and I want to understand.
- The topic is now open for discussion.
- Our discussions have always led us toward an amicable solution.
- The topic for this session is [topic].
- Let's dive into the subject of [topic].
- Whatever results from our discussions will be just fine.
- A good rivalry will only make us both stronger.
- Dialogue is absolutely necessary.

▼ Confrontational

How to Wrap Up a Debate _논의 마무리 135p

Friendly ▲

- I am so glad we talked!
- I vote that we wrap up the proceedings and go out for a beer.
- It's okay that we don't see eye to eye—in fact, it keeps things interesting.
- I believe everything has been resolved—any final words?
- Maybe we can revisit this at a later date—what say you?
- I learned a lot talking to you, but I have another engagement.
- This conversation will take more time than I have right now.
- Thank you, but this subject is now closed.
- It's not an argument that has an easy solution.
- Sorry, I can no longer bring anything helpful to this debate.
- I know the usual outcome of this kind of exchange, so I'd rather avoid it.

- My conviction that we should continue this discussion is rapidly diminishing.

- There's really no point in continuing.

- I will not continue with this for another minute.

- This is a dead-end subject.

Confrontational

- This conversation is over.

How to Open a Public Speech _연설 시작 137p

Formal

- Ladies, gentlemen, and honored guests...

- With solemnity in my voice...

- Thank you for coming, all of you.

- It is not by happenstance that we are all together today.

- This is an auspicious occasion for everyone involved.

- I will begin by offering a simple [acknowledgment/homage] to [honored person's name].

- There's a time when one ought to use precisely the right words, and that time is now.

- Let me begin with a simple thought.

- I've got a few points to make here today, so please bear with me.

- Hello, all! I will start by introducing myself.

Casual

- Ladies and germs...

How to Close a Speech _연설 마무리 138p

Formal

- I am filled with gratitude that I was able to speak with you today.

- Thank you for allowing me to speak to you today.

- In closing, allow me to reiterate one last time...

- Allow me to close by recapping my major points.

- As Theodore Roosevelt said, "Keep your eyes on the stars but keep your feet on the ground."

- I appreciate your attention; I hope you all have a great day/night.

- And now for the Q & A.

▼
Casual

- So I guess this is the way this speech ends—not with a bang, but with a whimper. [joking]

- Thank you, you've been great!

How to Accuse Someone of Something _지적 139p

Tactful
▲

- I truly don't mean to offend you, but something has come to my attention.

- It's really hard for me to say this, but...

- It's not my place to point fingers, but...

- It's difficult for me to accuse you of anything, but...

- There's something I need to confront you about.

- With all due respect, I know you did this.

- It's time you faced the music.

- Don't you feel guilty?

- You're at fault here—just admit it.

▼
Blunt

- It's all your fault.

- If it walks like a duck...

How to Call for a Consensus _합의 140p

Civil
▲

- I think we can work something out if we all worked together.

- With solidarity, we can conquer any problem.

- We'll succeed if we find common ground.

- I know that we can come to a compromise.

- It's vital that we forge a consensus.

- This issue is complex, but good things will happen if we come to a consensus.

- At the end of the day our needs are all the same.

- It's time to make some concessions.

- There's no need for complete capitulation on either side.

- Try to see it another way so that we can come to an agreement.

▼
Forcefull

- Why can't we all get on the same page?

- Either we come to an accord, or we have a serious problem.

265

Accepting 

- If we all agreed on everything, what would be the point of talking? [joking]
- I certainly understand why you would think that—tell me more.
- Just because we don't agree on everything doesn't mean that we can't agree on something.
- I understand how you see it; I just see it differently.
- Do you think we could meet somewhere in the middle on this?
- Let's not get bogged down by a small difference of opinion.
- If I may react/respond to that.
- Do you at least agree that...?
- This subject has been debated for hundreds of years.
- There's clearly a difference of opinion, here.
- That's not my understanding of the issue.
- As you know, I have a hard time subscribing to that point of view.
- Try to realize what you're saying here.
- Don't you think you're overstating the issue a bit?
- It's obvious we don't see eye to eye.
- We're nowhere even close to an agreement, so we should just call it a night.
- Don't speak about what you don't know.
- Your convictions are heretical.

Rejecting 

Conciliatory

- Maybe it's best to leave that alone for now.
- Believe me, this topic is nothing but trouble. [joking]
- I'd rather be boiled alive than talk about that. [joking]
- Let's not open a can of worms.
- Let's keep this positive vibe going and not talk about that.
- Maybe we shouldn't touch on that topic just now.
- I'd rather not talk about that, if that's okay with you.

- If we don't change the subject, I can see trouble brewing.

- I hate confrontation, so let's just avoid that whole topic, okay?

- This is never a good topic of conversation—for anyone.

- I've heard this tune before, and it gets more discordant every time.

- That topic is taboo around here.

- Do you think this discussion will bring us any closer?

- Don't you realize how much of a problem this topic is for me?

- Things only get more tense with that kind of talk.

▼
Blunt

- It's conversational suicide to even consider a topic like that.

- I don't want to talk about it, end of story.

How to Advise/Make Suggestions _충고 혹은 제안 145p

Gentle
▲

- I have some thoughts but I want to tread lightly.

- We're pretty good friends, right? What would you think of [suggestion]?

- We've gotten to know each other so well, I think we can get personal.

- This is only my opinion, but...

- May I speak frankly?

- Don't take this the wrong way, but...

- I'm not trying to make you feel badly, but...

- I hope my suggestion doesn't come across the wrong way.

- You don't have to take it, but here's some good advice.

- Let me give you some valuable advice about this.

- This might help you out.

- A word of advice...

▼
Directive

- You could not be more wrong—you need to listen to reason.

- It's your funeral.

Polite ▲

- Thank you for caring enough to speak into my life.
- Wow, I never saw it that way. Thanks!
- You gave me a lot to think about, thank you.
- Thank you so much for letting me know about this.
- Thanks for pointing that out.
- I always like to hear others' opinions.
- Thanks, I appreciate your concern.
- It's very nice for you to worry about me, but you really shouldn't.
- I get what you're saying, but I think I'm okay with my plan.
- What experience/knowledge do you base your advice on?
- I will decide to take my own action on the matter.
- I don't need anyone to look out for my interests but myself.
- If I wanted your opinion/advice, I would have asked for it.

▼ Confrontational

Polite ▲

- Ah, court is in session! [joking]
- Please let me help you find out what really happened.
- I wish I could say I did it, but that would be a lie.
- I'm afraid I'm not following you at all.
- The burden of proof is on the accuser.
- It's very easy to assume when we don't know.
- Don't blame me—it wasn't my responsibility.
- I will not allow you to say things that are inaccurate.
- You should be sure before you start accusing others.
- I have other things to do than answering to polemics.
- The problem is much more complex than that.
- I will neither confirm nor deny that.
- People who live in glass houses shouldn't throw stones.

- Please understand this was never my intention.

- Seems that I'm a victim of circumstance.

- I'd like to know who or what is your source?

- This didn't happen on my watch!

- I will sue you for slander/libel.

SITUATION 7
General Conversation

Effusive ▲

- True!
- You're reading my mind.
- I agree with you wholeheartedly.
- We're on the same page about this.
- I'm in complete agreement.
- I know exactly what you mean.
- You're correct.
- Our opinions coincide very well.
- Our thoughts are in complete accord.
- I subscribe to your point of view.
- I'm glad to see that we're on the same page.
- We're on the same wavelength.
- I have no problem with that.
- Your point has relevance.
- I concede the point.
- You're going to keep arguing until I give up, so have it your way.

▼ Begrudging

Civil ▲

- We appear to have a divergence of beliefs.
- I certainly get what you're saying, but...
- I don't entirely agree with you on that.
- I respectfully disagree
- That's one way to look at it, but it's not the right way.
- There's more than one way to look at this situation.
- There's obviously a divergence in interpretation.
- I guess we're going to agree to disagree.

- Not really, but I value your opinion.

- Your premise is a bit flawed.

- You leave me no choice but to disagree with you.

- I have no option but to disagree with you.

- My disagreement with you stems from the simple fact that you're wrong.

- There is no truth to that whatsoever.

- You're out of touch.

▼ Blunt

- You're so wrong, you don't even know how wrong you are!

How to Open a Conversation _대화 시작 159p

Effusive ▲

- It's great talking to you.

- I've wanted to talk with you for a long time.

- I'd like to talk to you about something for a moment.

- It would help me a lot to know your opinion on...

- I'm listening to you and I want to understand.

- Please feel free to speak openly.

- I'd like for our conversation to lead to something concrete.

- I'd like to elaborate a bit on...

- Let's take a whack at this, shall we?

- I need to get my point across.

- My goal is for this to become less ambiguous.

▼ Begrudging

- Why not simply talk about it? What could be the harm in that?

How to Close a Conversation _대화 마무리 160p

Professional ▲

- Talking to you is always a pleasure.

- This dialogue was very helpful, thank you.

- I'm sorry this is over—I was learning a lot.

- It was great talking to you.

- I apologize, but I must leave.

271

- I'd like to continue with this, but I'm late for...

- Let's stop here.

- I regret I can't pursue this conversation any longer.

- This is as good a place to end our discussion as any.

- I can't be of any use to you from this point on.

- There's no need to discuss this any further.

- Let's stop this right here.

- This discussion isn't appropriate any longer.

- We could talk about it for 10 years and we still wouldn't have an answer.

- I just don't want to speak about this now.

- As far as I'm concerned, this conversation is over.

- Talking to you just makes my brain hurt.

- I have nothing more to say to you.

- You'd better shut your mouth before you put your foot in it.

How to Share News _소식 전달 162p

- This news is so good, it will blow your mind!

- I can't wait to tell you this amazing news!

- The best thing just happened—let me tell you about it!

- Wait until you hear this!

- I can't do this news justice, but I'll try.

- I'm not sure how to say this, but...

- I'm going to have to let you down easy.

- I'm going to have to break it down for you.

- I don't mean to bring you down, but...

- Don't shoot the messenger, but...

- It's not easy to say what I'm about to say.

- You aren't going to like what I have to say, but...

- Are you sitting down? I'm afraid I have news you probably don't want to hear.

How to Express an Opinion As a Leader _리더로서의 의사 표현 163p

Certain ▲

• I can say without equivocation that...

• I'm speaking from experience when I say...

• I can assure you I know what I am talking about.

• If you'll allow me to be frank.

• Let me just say...

• It's just my gut feeling, but let me say...

• That's all good, but what I am trying to say is...

• I feel I have to get this off of my chest.

• If I am not mistaken...

• I could be wrong, but...

▼ Uncertain

• I know I'm usually wrong, but take this for what it's worth.

How to Express an Opinion _의사 표현 165p

Tactful ▲

• Let me put this as delicately as I can.

• Without making any concessions, I believe...

• Although it's hard to put into words, I must admit that...

• Before the news comes in, I would like to acknowledge that...

• I understand that this is a tricky/delicate/taboo topic, but...

• I have to be honest with you and say...

• I would like to be frank, is that okay?

• I don't want to step on anybody's toes, but...

• With all due respect, I feel that...

▼ Tactless

• There's no good way to say this, so I'm just going to say it.

Polite ▲

- I'm probably being dense, but could you say more on this?
- Would you be able to substantiate this?
- Would you say that one more time, please?
- I'm sorry, could you tell me more?
- Your points are well taken, but there are a few things I still need clarified.
- Perhaps you could clear something up for me.
- Would you explain this a bit more thoroughly?
- I may have misunderstood you—would you repeat that again?
- Show me what you mean.
- I don't understand you at all. Would you clarify?
- Sorry, what was your point?
- Is there something you're not telling me?
- I need more than this to continue our discussion.

▼ Rude

- I demand an answer.

How to Clarify Your Point _요점 167p

Diplomatic ▲

- Let me word that a bit differently.
- I've got a few pointers that might help you out.
- This is a complicated issue; let's see if we can figure it out together.
- This is a bit confusing, but I'm sure we can figure it out.
- I can help you comprehend that better.
- Let me help you understand.
- If anything is unclear, I'd like to deal with it.
- Let's go over it again, for clarity's sake.
- I can repeat myself if you don't get it.
- Let me try to make sense of it for you.
- I can make that clearer if you really need help understanding.
- Don't guess when I can easily set you straight.

* Let me make clear what you clearly don't comprehend.
* You're hopeless!

How to Confide in Someone _비밀 168p

* I feel like I could tell you anything.
* You are my sole confidant.
* I know I don't have to hold back when we speak.
* I put a lot of stock in your opinion.
* I trust you implicitly.
* I feel comfortable discussing this with you.
* This is just between me and you.
* After knowing each other for so long, I know I can trust you.
* My word is my bond.
* I can tell you anything, right?
* I have to disclose something to you, but I'm not sure if I should.
* There are some things you must keep to yourself.
* If you tell this to anyone, our relationship is over.

How to Change the Topic _화제 변경 170p

* With the greatest respect for the agenda, I would like to also discuss this.
* Without conceding any points, I would like to address this side issue for a moment.
* Let's move on to something else—we have a lot to cover.
* Let's not dwell on this too long.
* For the sake of everybody's time, let's move on.
* I think we've thoroughly exhausted the topic—what's next?
* I'd like to go to the movies—have you seen any good ones recently?
* Wouldn't you rather be talking about something else?

275

	• Let's not dwell on this unnecessarily.
	• Actually, I'd rather talk about anything else but this.
	• Why do you feel it's necessary to drone on about this?
	• Can't we put this topic aside?
	• Talking about this is like being up a river without a paddle—let's move on.
▼ Destructive	• Let's move on, please?
	• If you keep hammering this incessantly, I just might scream.

How to Express Doubts _의문 표시 171p

High Road ▲	• It seems to me that…
	• I am under the impression that…
	• I have the feeling that…
	• Something doesn't add up here.
	• I am a bit skeptical about that.
	• I am not 100-percent positive about that.
	• The numbers just don't add up here.
	• I'm not confident in your sources.
▼ Low Road	• I won't belabor the point because I don't think it's true.
	• Do you really know or just think you know?

How to Reconnect With Someone _연락 재개 173p

Courteous ▲	• I've missed our relationship; I'm so glad we worked things out!
	• It's good to restore our relationship and move forward.
	• I know you're busy, so I understand if you missed my last e-mail.
	• The both of us have been so busy; it's nice to be in touch again!
	• I'm sorry we grew apart—it was never my intention.
	• I'm happy to resolve any issues we've had in the past and look forward to the future.

• Let's get together and discuss what we've missed out on.

• I hope you can take a few minutes to catch me up on what you've been doing.

• We should reconcile and talk things over.

• We need to get together again and talk things out.

▼
Rude

• We should have never lost touch.

• The ball is in your court now.

When You've Answered a Question _대답 174p

Courteous
▲

• Did that answer your question?

• Was that the kind of answer you were looking for?

• I'm glad I was able to provide a good answer.

• Are you following my train of thought?

• That was a long answer; thanks for your patience.

• Were you able to grasp what I was saying?

• If you didn't catch all of that, I could go over it again.

• What part of the answer didn't you get?

▼
Rude

• I can't help it if you didn't understand me.

• That was my answer—take it or leave it.

When You Don't Want to Answer a Question _대답 회피 175p

Diplomatic
▲

• There's probably no easy answer to that.

• There's no straightforward answer to what you're asking.

• I just don't know what to say.

• I don't know enough to give a definitive answer either way.

• There are no simple explanations.

• You would need specialized knowledge to understand.

• It's quite technical; I'm not sure you have the knowledge to understand.

- The question is so important, I want to take some time before answering.

- I don't wish to enter into this conversation.

- This is outside my area of expertise.

- I have no opinion on the matter.

- I prefer to not talk about it.

- If I had something to say about this, I certainly wouldn't say it here.

- As much as I would love to spend time on this issue, I can't.

- When you respect someone, you don't ask such questions.

- I decline to comment.

- You'll need to take a hard stand.

- I think that it's arguable.

- I don't know all the details about that.

▼ Unmannered

- I'm not sure, so perhaps it's best not to answer at this time.

When You Are Asked to Repeat Yourself _발언 요청 177p

Compliant ▲

- No problem; I'd be happy to!

- I'm sorry if I went too fast/spoke too softly—I'll gladly say it again.

- I'd like to reiterate that...

- I'll say it a thousand times if you need me to.

- I'm willing to elaborate if that's what you need.

- Does anyone have a microphone?

- It isn't my habit to repeat myself, but obviously it's necessary.

- I'll say it again, even though we're wasting everyone's time.

- Perhaps we can go into that again some other time/later/afterward.

- The acoustics here are so bad, I doubt that repeating myself will do any good.

- I won't say it again because it's only going to hold things up.

▼ Rude

- Doing that would be inconsiderate of the others.

SITUATION 8
At Work

Profressional

- Could you please take a moment and review my current level of compensation?
- I've taken on additional responsibility but don't have the salary to show for it.
- I did some research and I'm not making anything close to my current market value.
- I think my work is the best it has ever been, but I'm still making the same salary.
- I can't think of any reason why I should be making the same money, can you?
- A raise won't get rid of the stress, but it sure will help me feel better.
- My salary needs an upward adjustment.
- I don't think a raise would be unwarranted, given all I do here.
- I think I deserve a raise, and I won't be happy unless you agree.
- I'm going to quit unless I get a salary adjustment.

Confrontational
- I can't take this job anymore; if I stay I'll need to make more money.

Calm

- If it's okay with you I'd like to discuss taking some time off.
- Would this be a good time to request some time off?
- What form did you fill out when you went on vacation last month?
- I'm having a family emergency so I'll need to take a week off.
- A family member has passed away and I need bereavement leave.
- I've been having some medical problems so I will need to take some of my sick leave.
- Because of all the stress lately I need to schedule a mental health break.
- Most people who have worked here this long get time off; I think I should, too.

	• Just wanted to give you a heads-up: I'm going on vacation on these dates.
▼ Confrontational	• I don't believe I'm at the level where I need to ask permission to take some time off.

How to Say No to Your Boss _거절 186p

Diplomatic ▲	• Okay, but which of these tasks do you want me to finish first?
	• I wish I could help with this but I am tapped out at the moment.
	• If I say yes I'm afraid my work quality will suffer.
	• I wish I had five heads but I'm only one person, I'm afraid.
	• Two people used to do that job—can one person really do it alone?
	• Can we look into hiring someone else/an assistant?
	• It may be within your authority to ask me to do that, but I don't think it's a smart move.
	• Maybe you should handle that yourself.
	• You've exceeded your boundaries, and I'd like you to stop.
	• This is completely out of bounds and I'm not going to stand for it.
	• I'd rather not.
▼ Blunt	• You're not the boss of me.

How to Avoid Talking About a Personal Issue _사적인 이야기 188p

Polite ▲	• I'm up to my neck right now—can we talk later?
	• I'm sorry, but I'd just rather not talk about that.
	• That's just too upsetting/personal/close to home, sorry.
	• This is probably not the best time or place to talk about this.
	• I think other people can overhear us—let's talk later.
	• I feel this is a bit too personal to talk about at work, don't you?
	• I don't feel like talking about that.
	• That's not something I like to discuss at work.
	• I prefer to keep my work life and private life separate.

▼
Blunt

- When did I ever give you the impression that it was okay to talk about this?
- Sure, you're the person I would want to discuss this with. [sarcasm]

How to Ask for a Private Conversation _개인 면담 189p

Polite
▲

- I'd rather discuss this in private if that's okay with you.
- I think it would be best to discuss this in private.
- I need to see you privately for a minute.
- I simply must talk to you alone.
- I have a confidential matter to discuss.
- Can you take a break and come with me?
- I believe this kind of discussion requires a bit more privacy.
- Please follow me to my office.
- This isn't an open forum; this is between you and me.

▼
Blunt

- I won't speak of the matter any further unless we're alone.

How to Bring Up a Personal or Embarrassing Issue _사적이거나 곤란한 이야기 190p

Polite
▲

- May I tell you something in confidence?
- May I close the door? I have something personal I need to share.
- I really need to talk to you about something.
- Admittedly this is kind of personal, but I think you can handle it.
- Something's come up that I need to talk to you about.
- This may be a little personal, but I consider you a friend.
- You're the only person here who will understand.
- I'm going to tell you something but you need to keep it a secret.
- What I tell you here dies here, okay?
- I know this is inappropriate, but...

▼
Blunt

- Yuck, wait until you hear this.

281

How to Boost Someone's Confidence _자신감 191p

Effusive ▲

- You're so good at what you do, I should be fearful of losing my job!
- Is there nothing you can't do?
- I have complete confidence in your abilities.
- You're the perfect person for this job.
- You are among the best workers here.
- Everyone knows how capable you are.
- You can make this your best work ever.
- You can do no wrong here.
- When have you ever dropped the ball?
- You've done more challenging tasks in the past.

▼ Measured

- People have told me you're good, so don't let them down

When You Need Someone's Full Attention _주의 환기 192p

Polite ▲

- I'm sorry to interrupt, but may I have your attention please?
- May I bother you for a few minutes with my inquiry?
- I must go over some crucial points with you.
- Can you hear me okay?
- This is important—please pay attention.
- I think you'll hear me better if you pay attention.
- You're clearly not focusing on what I'm saying.
- I'm sorry, but you seem a little distracted.
- Am I not getting through to you?
- Listen up—what I have to say is very important.
- Are you at all interested in what I'm saying?
- Are you even aware that I'm talking to you?
- I have the feeling that you're not very interested.
- Am I speaking to the wall, here?
- Let me know when you can give me five minutes of your time.

- I could communicate better with a rock.
- Hello, is anybody home? [sarcasm]

How to Assign a Task to Someone _부탁 혹은 지시 194p

- Would you be so kind as to...
- Would you like to step in, here?
- Is there any way you could take care of this?
- Will you please help me out?
- Are you available to take on something new?
- Would you do me a favor, please?
- Would you look into this new assignment, please?
- This won't take but a moment.
- I have a heavy responsibility to delegate.
- Care to take a crack at it?
- If you can handle this, there's a little extra money/a promotion in it for you.
- Can I trust you to...?
- I expect you to have this finished by...
- I suggest you take on more responsibility here.
- Wasn't this due yesterday?
- I'm not asking you to do this, I'm telling you.

How to Call a Meeting to Order _회의 시작 195p

- Would everyone be so kind as to take their seats?
- Please, everyone take your seats.
- Let's go over the purpose for our meeting today.
- Here's our order of business for today.
- Let me call this meeting to order.
- Let's begin this by first outlining our order of business.

- It's time to start, so please give me your undivided attention.

- Let's dig right into the subject of today's meeting.

- I'd be happy if we could tackle the complex issues first.

- I think we all know why we're here today.

- If we can't get started, we'll have to do it all over again tomorrow.

- If I have to light a fire under you to get this started, I will. [joking]

- Can we just hold this meeting, please?

- Time is money, people!

Casua ▼

- I'd like to begin sometime during this century. [sarcasm]

How to Terminate a Meeting _회의 마무리 197p

Profressional ▲

- With your concurrence, I think we're at a good point to adjourn for the day.

- I think we can all feel good about what we accomplished today.

- Let's come back to this when we reconvene next week/month/year.

- Congratulations on a job well done, everyone.

- I think we've done enough for today, don't you?

- We aren't getting anywhere, so let's stop for today.

- These talks are no longer accomplishing anything.

- Let's give it a rest.

- This meeting is so over!

Unmannered ▼

- I feel happy hour coming on—who's with me?

How to Refocus a Conversation _분위기 환기 198p

Positive ▲

- I always want to encourage new ideas, but let's stay on track.

- I hear what you're saying, but for now let's keep on topic.

- Let's stay focused on the task at hand.

- As you may recall, the purpose of this meeting was...

- The essence of the topic is still...

- Let's stay on track for now.

- Let's not turn onto a dead end.

- We're not staying focused here.

- Let's stay on point, please.

- I think we're getting distracted from the real issue.

Negative ▼

How to Propose an Action or Solution _방안 제시 199p

Passive ▲

- This may not work, but what if we did X?

- If I may, I'd like to propose that we do X.

- What would the group think if we did X?

- I've got a possible solution that may or may not fit the bill.

- We need to explore all avenues, but here's one idea...

- There are several possible answers to this; here is but one example...

- Experts seem to think that...

- I've got a way to move forward; let me explain.

- I have arrived at what I believe is a workable solution.

- After much consideration, I believe the best course of action would be to...

- I submit that the following will be necessary.

- There's no way we can avoid doing X.

- This is the only possible solution and that's final

- There is no alternative but to do this.

Assertive ▼

How to Put Off a Task _업무 연기 200p

Civil ▲

- I wish I could address this, but I'm completely tapped out right now.

- I'd be delighted to set aside time to go over this [next week/ month/year].

- If you can hold off for a bit, I'll take care of it on [specific time].

- Sorry to put you off, but I just can't give this task the time it deserves right now.

- Unfortunately, I'll have to delay.

- I understand that this is very important, but it's not my priority right now.

- Why don't we let that go for now?

- This will be dealt with when I have the time.

- I'm not dealing with your request today, but I'll let you know if and when I do.

- I don't even have a second to entertain your request.

▼
Blunt

- Yeah, that's gonna happen! [sarcasm]

How to Defer a Conversation _대화 회피 200p

Polite
▲

- I'd be delighted to set aside time for this on [insert specific time].

- We'll cover more about this at a later time.

- Let me get up to speed and we'll chat [insert specific time].

- I'd be more comfortable if we could talk when I'm less distracted/busy/tired—how about [insert specific time]?

- I'm going to need to think about this and get back to you.

- I will need to learn more about the topic before we talk.

- Let me get back to you on that.

- Let's push this discussion to [insert specific time/date].

- I have nothing to add right now—we'll talk about it again, I'm sure.

- Let's revisit this some other time, okay?

- Continuing this conversation today is out of the question.

- I can't handle this right now.

▼
Rude

- You're crazy if you think I'm going to talk to you about this now.

286

Polite ▲

- Only fools rush in—let's think on this some more.
- Let's take some time and think about what we want to accomplish here.
- Let's sleep on it first, okay?
- Let's table this until later.
- I'll definitely think about it and get back to you.
- Let me get back to you with my verdict.
- This decision may require further analysis.
- We're not making any progress—let's talk about it later.
- I don't think now is the time discuss this.
- We will discuss this later.

▼ Rude

- I will not bow to the tyranny of the urgent.

Courteous ▲

- I think we need to ponder all our options before making a decision.
- I appreciate your enthusiasm, but let's slow down for a moment.
- For the sake of thoroughness, I think we should take our time.
- It might be to our disadvantage to work this quickly.
- Can we delay for the purpose of understanding better?
- Let's take baby steps while there's still so much time.
- It's early yet in the decision-making process.
- We shouldn't rush into things.
- Snap decisions rarely work out well in the end.
- I think that it is a bit premature to make a decision.
- Make an error in haste, repent at leisure.
- Can we slow down a bit? I need to catch my breath!
- It's madness to move at this speed.
- One step at a time.

287

- If I were you, I'd slow down a bit.
- No one here is watching the clock, so slow down.
- Let's put the brakes on, okay?
- Where's the fire?

How to Unite People _단합 206p

- Only by working with one another will we succeed.
- We can overcome any obstacle if we work together toward a common goal.
- Once we agree, nothing will stop us.
- Tomorrow's page—no one can write it alone.
- A strand of three [or 20, or 200] is not easily broken.
- How we deal with these changes now will make or break our future.
- I think we can all agree that...
- I'd like to see you join with me in solving this issue.
- Let's proceed in a spirit of togetherness.
- We will succeed if we work as one unit.
- We'll get this done faster if we all work together.
- United we stand, divided we fall.
- Infighting and power plays will get you nowhere.
- The collective takes precedence over the individual here.
- We don't tolerate dissent within our ranks.

How to Flatter a Superior _아부 208p

- I worship the ground you walk on—is that wrong?
- This is easily the best [report/briefing/analysis/work] that I've ever seen.
- I'm amazed at how you handle everything.

- I learn so much from you every day.

- I am inspired by your determination/work ethic/will to succeed.

- Men/women of talent and integrity are rare.

- This could be the beginning of a beautiful partnership.

- With your discipline, you won't be staying in the mail room forever. [joking]

- If I worked as hard as you, I would have made partner by now.

- You deserve every accolade you receive.

- If everyone worked as hard as you, this company would be ahead of the game.

▼
Subtle

- Nice work, as usual.

How to Motivate an Employee _동기 부여 209p

Positive
▲

- You are wonderful to work with—keep it up!

- Keep up the great work—it won't go unnoticed.

- There's no time like the present to kick it into high gear.

- You are so close to the finish line!

- When we work as a team we always get great results.

- You can become one of the elite if you put your mind to it.

- Even the longest journey begins with a single step.

- It comes down to a single question: What future do you want to create?

- Just how committed are you to making this job work?

- Our company's future is in your hands—don't drop the ball.

- We're making some progress, but we're still not there yet.

- The job won't get done if you don't pull your weight.

- The company is expecting more from you—I hope you're up for it.

- We are watching you every moment of every day.

▼
Negative

- You either cut the mustard or you're done.

Gentle 

- Is your work load too stressful? Maybe I can help.
- Are you having any issues away from work? You seem distracted/unhappy/disengaged.
- Your work quality has been suffering as of late—what can we do to turn it around?
- Perhaps you need a little break to regroup.
- I know you are capable of much more than this.
- You need to carry your weight in order to get the recognition you deserve.
- You have such potential—why are failing to follow through?
- I know you've got a lot more talent than what I've been seeing lately.
- Your performance has been substandard lately—how come?
- Isn't it time that you showed us what you're capable of?
- Team members have offered to help you—is that what you want?
- I've had to delegate your tasks to other people—why is that?
- The company is expecting a lot more from you.
- What's gotten into you lately?
- We all expect a lot from you, and we're watching.
- You're holding everyone back—this can't go on forever.
- You need to earn your pay.
- If you don't get yourself together by [specific date], you will be terminated.

Harsh

How to Fire an Employee _해고 212p

Professional 

- We can no longer afford to keep you on, unfortunately.
- I'm sorry, but we're going to have to let you go.
- You're a smart person—we all know you'll land on your feet.
- We need to have a serious discussion about your work performance.
- We have no choice but to let you go.
- Your behavior flies in the face of SOP; we have to let you go.

- We can't condone what you did; I have no choice but to let you go with cause.

- You leave me no choice but to fire you.

- What do you think should happen to you at this point?

- You're clearly not a good fit for this company; I have to let you go.

- We'll miss your personality, but not your lack of discipline/motivation/dedication.

- I've been more than patient with you.

- It's official—you're fired.

- We're going in a different direction, and you won't be along for the ride.

- Don't let the door hit you on your way out.

- I'm going to enjoy watching you leave.

- You're outta here!

Bonus
Section

How Leaders Say Yes _긍정 216p

Definitive ▲

- Absolutely.
- Certainly.
- I concur.
- Precisely.
- Without a doubt.
- That's for sure.
- That's exactly the case.
- In a word, yes.
- We're on the same wavelength.
- Hey, you're reading my mind.
- Message received.
- I'm pretty sure that's the case.

▼ Tentative

How Leaders Say No _부정 217p

Definitive ▲

- Under no circumstances.
- That's impossible.
- I'm sorry, but no.
- I can't agree to that.
- I have to humbly disagree.
- I wouldn't necessarily say that.
- Not to my knowledge.
- It doesn't make sense to me.
- I don't think so.
- I don't think that's correct, but I could be wrong

▼ Tentative

How Leaders Say I Don't Know _의문 218p

Definitive
▲

- I have absolutely no idea.
- Believe me, I wish I knew.
- I don't have all the facts to give a qualified response.
- I'm not knowledgeable enough to have an opinion on the matter.
- Hang on, I'll look it up.
- I can't say anything definitive either way.
- I'm going to have to plead ignorance.
- I'm not sure—let me find out for you.
- I'm not exactly sure.
- I don't have a good answer for that.
- How can I reply if I don't know what I'm talking about?

▼
Tentative

How Leaders Say Maybe _가능성 220p

Formal
▲

- Perhaps.
- It's not implausible.
- It's completely open for discussion.
- I'm not convinced.
- I couldn't say for sure.
- It is worth reflecting upon.
- It's possible.
- That's questionable.

▼
Casual

How Leaders Say I Don't Understand _요점 파악 221p

Polite
▲

- I'm sorry, but I'm not sure that I understand you entirely.
- I'm sorry to say this, but I'm not following you.
- Please help me by clarifying.
- I am not sure if I understand where you're going with this.
- I must read up on the subject.

293

	• Can you say that again in layperson's terms?
▼ Rude	• I don't get it.
	• Well, I'm lost.

How Leaders Say It's Confidential _보안 사항 222p

Formal ▲	• I'm sorry, but I'm not at liberty to talk about that with you.
	• You'd have to read my mind to find out. [joking]
	• If I told you I'd have to kill you. [joking]
	• Sorry, I am not allowed to disclose that type of information.
	• I have to plead the Fifth on that.
	• I never break a confidence.
	• I'm not the best person to answer that question.
▼ Casual	• I would be speaking out of turn if I said anything.
	• I don't think it's appropriate to talk about this.

옮긴이_ **GS** 칼텍스 인재개발실 일동

강준호 · 곽상헌 · 곽정준 · 권병건 · 권정애 · 김성애 · 김성진 · 김원석 · 김정민 · 김휘경
박관혁 · 박덕진 · 박성진 · 박소영 · 박찬호 · 반봉석 · 서정우 · 성우상 · 손선희 · 신선형
신용안 · 신유아 · 양승욱 · 오주엽 · 오하나 · 원유태 · 유지연 · 유홍순 · 윤석환 · 윤혜령
이광순 · 이규철 · 이상규 · 이선화 · 이수관 · 이수미 · 이승아 · 이완우 · 이우승 · 이웅희
이인배 · 이재영 · 이정화 · 이종혁 · 이호열 · 임춘섭 · 전은영 · 정수미 · 정재권 · 정재영
정헌욱 · 최현호 · 한유리 · 허웅구 · 홍민섭 · 홍영준 · 황경환

• 본 도서의 번역료는 **GS** 칼텍스 '마음톡톡' 사업에 전액 기부되었음을 밝혀둡니다.

당당하게 나를 표현하는 비즈니스 멘트

초판 1쇄 인쇄일 2013년 6월 10일 • 초판 1쇄 발행일 2013년 6월 17일
지은이 패트릭 알라인 • 옮긴이 **GS** 칼텍스 인재개발실
펴낸곳 (주)도서출판 예문 • 펴낸이 이주현
기획 정도준 • 편집 김유진 • 디자인 김지은 • 관리 윤영조 · 문혜경
등록번호 제307-2009-48호 • 등록일 1995년 3월 22일 • 전화 02-765-2306
팩스 02-765-9306 • 홈페이지 www.yemun.co.kr
주소 서울시 강북구 미아동 374-43 무송빌딩 4층

ISBN 978-89-5659-207-7 (13320)